国家级职业教育规划教材
全国职业院校汽车类专业新形态工作手册式教材
全国技工院校汽车类专业工学一体化教材

汽车整车拆装实训

中德诺浩汽车职业教育研究院　组织编写
主编　吕丕华

中国劳动社会保障出版社

内容简介

本书是全国职业院校汽车类专业新形态工作手册式教材/全国技工院校汽车类专业工学一体化教材，由中德诺浩汽车职业教育研究院组织开发。全书共包含4个学习情境、30个学习任务，内容涵盖散热器面罩、前保险杠、前照灯及喇叭拆装，散热器拆装，蓄电池、玻璃清洗系统、翼子板及内衬拆装，发动机舱盖、舱盖锁拆装，进气歧管、节气门及喷油器拆装，气门室罩盖垫及排气歧管垫更换，发电机传动带、发电机及起动机总成更换，正时传动带拆装，发动机及变速器支架拆装，机油泵更换，汽油箱总成拆装，离合器拉线、制动总泵拆装，变速器总成拆装，离合器片更换，转向器更换，副车架更换，后减振器缓冲块更换，排气管尾段拆装，车轮轴承更换，刮水器电动机拆装，行李舱盖、尾灯及备胎拆装，前门玻璃、玻璃升降器拆装，前车门拆装，后视镜、车门锁拆装，后车门拆装，工作台及暖风水箱拆装，全车座椅、前部安全带、后部安全带及地胶拆装等内容。

本书可作为全国职业院校与技工院校汽车类专业教学用书，也可作为汽车售后服务企业相关技术人员与社会人士培训参考用书。

本套教材由吕丕华主编，本书由张东杰负责编写。

图书在版编目（CIP）数据

汽车整车拆装实训/吕丕华主编. -- 北京：中国劳动社会保障出版社，2022
全国职业院校汽车类专业新形态工作手册式教材　全国技工院校汽车类专业工学一体化教材
ISBN 978-7-5167-5694-2

Ⅰ.①汽…　Ⅱ.①吕…　Ⅲ.①汽车－装配（机械）－职业教育－教材　Ⅳ.①U463

中国版本图书馆 CIP 数据核字（2022）第 217690 号

中国劳动社会保障出版社出版发行
（北京市惠新东街1号　邮政编码：100029）
*
北京市白帆印务有限公司印刷装订　　新华书店经销

880毫米×1230毫米　16开本　12.25印张　300千字
2022年12月第1版　　2025年3月第2次印刷
定价：39.00元

营销中心电话：400-606-6496
出版社网址：http://www.class.com.cn
http://jg.class.com.cn

当前，我国正在加快实施“中国制造2025”计划，处于由制造大国向制造强国、由人力资源大国向人力资源强国发展的重要时期，党和国家为此制定了一系列科教兴国、人才强国的战略措施。

在人才队伍中，工作在生产一线的技能型人才是重要基础。高素质技能型人才队伍是推动经济社会发展的重要保障，职业教育是培养高素质技能型人才的主要渠道。尽管世界各国国情不同，发展职业教育的条件、政策和具体措施各异，但无论发达国家还是新兴工业化国家，均普遍重视职业教育在培养高素质技能型人才中的重要作用，把发展职业教育作为人力资源开发、振兴经济、增强国力的战略选择。

德国的职业教育水平处于世界领先地位。德国经济在世界金融危机中之所以依然稳健发展，与其因职业教育发达而拥有大量的高素质技能型人才是分不开的。完备的法律制度和各方面的高度重视，为德国的职业教育发展提供了有力保障。德国的双元制职业教育制度将劳动人事制度与教育制度有机地结合在一起。学校和企业都是培养人才的主体，并承担相应责任，学校和企业的教学计划、形式和内容虽各有侧重，但又相互联系，且均以工作任务为教学载体，将技能学习和训练、理论学习和运用有机结合，充分发挥学生在教学中的主体作用，着力培养学生承担社会责任的能力、独立发现和解决问题的能力、在实践中自主学习的能力。

改革开放以来，我国在借鉴国外先进职业教育经验方面取得了可喜成就。我国职业教育的对外交流与合作就是从借鉴和学习德国经验开始的，中德诺浩（北京）教育投资股份有限公司为此做了积极而有效的探索。

长期以来，该公司致力于引进德国的汽车职业教育资源，与德国手工业协会合作，在国内与以德国品牌为主的汽车合资企业和各类职业院校共同开展教育工作。经过多年的探索，结合我国国情，该公司成功地引进德国汽车职业教育的课程体系、教学素材和教学方法，并结合互联网手段进行了全方位本土化，在此基础上与 300 多所职业院校联手，为我国汽车维修企业培养了大批优秀人才。与此同时，该公司组织中德两国的汽车技术专家、经验丰富的维修技师和职业教育专家，共同编写了职业院校汽车类专业新形态工作手册式教材。这套教材以培养高技能人才为目标，内容选自实际操作，既“原汁原味”地吸纳了德国经验，又结合我国实际情况充实了教学内容，推动我国汽车维修技能型人才的培养与世界接轨。我期待其在我国培养国际标准汽车高技能人才方面发挥出重要作用，在中国由汽车大国向汽车强国迈进的征程中做出应有的贡献。

唐天标

（本序作者系第十一届全国人大常委会委员、第十一届全国人大教科文卫委员会副主任委员，原中国人民解放军总政治部副主任，上将军衔）

前言

职业教育是国民教育体系和人力资源开发的重要组成部分，肩负着培养多样化人才、传承技术技能、促进就业创业的重要职责。随着新型工业化的推进和科学技术的发展，现代职业教育体系越来越成为国家竞争力的重要支撑。为贯彻落实全国职业教育大会精神，推动现代职业教育高质量发展，加快构建现代职业教育体系，建设技能型社会，弘扬工匠精神，培养更多高素质技术技能人才、能工巧匠、大国工匠，满足我国汽车产业迅猛发展对高端技术技能型汽车人才的需求，中德诺浩在总结多年来将德国汽车职业教育中国本土化经验的基础上，编写了这套职业院校汽车类专业新形态工作手册式教材。

本套教材将理论基础和实践应用有机结合，在引领学生学习汽车专业知识的同时培养学生实际操作技能，具有以下特点：

（1）以企业一线任务为引导，将理论知识与实践技能进行完美结合。

（2）集图、文、声、像于一体，为学生提供多种形式的学习素材。

（3）采用四色印刷，版面简洁清晰、主题明确、色彩清新。

（4）本套教材配有丰富的数字化教学资源，学生可通过扫描每本书专属的封面二维码进行浏览和自学。

本套教材由中德诺浩汽车职业教育研究院组织编写，编写方式充分发挥了学生的主体地位，优化了课堂设计，便于调动学生的学习积极性和主动性，还可培养学生的创新意识和创新能力。

本套教材是职业院校汽车类专业核心课程教材，同时也可供从事汽车研究、设计、制造、使用和维修的工程技术人员学习和参考。

由于时间紧、任务重，本书内容难免有不恰当和错误之处，敬请广大读者批评指正！

编者

2022 年 10 月

目录
CONTENTS

情境一

机舱附件拆装

任务一　散热器面罩、前保险杠、前照灯及喇叭拆装

<table>
<tr><th colspan="6">散热器面罩、前保险杠、前照灯及喇叭拆装任务工单</th></tr>
<tr><td>客户信息</td><td>姓名</td><td colspan="2"></td><td>电话</td><td></td></tr>
<tr><td rowspan="2">车辆信息</td><td colspan="2">车型</td><td colspan="2">VIN 码</td><td>行驶里程</td></tr>
<tr><td colspan="2"></td><td colspan="2"></td><td></td></tr>
<tr><td>客户描述</td><td colspan="5">散热器面罩、前保险杠及前照灯 □　散热器 □　喇叭 □
发动机舱盖 □　后视镜 □　后保险杠 □
前车门 □　前门玻璃 □　后车门 □
后门玻璃 □　全车座椅、前部安全带、地胶 □　全车锁 □
前部座椅 □　蓄电池及玻璃清洗系统 □　刮水器电动机 □
进气歧管、喷油器 □　翼子板及内衬 □　正时传动带 □
行李舱盖、尾灯、备胎 □　工作台、暖风水箱 □　发动机舱盖锁 □
离合器拉线 □　后部安全带 □　发动机及变速器支架 □
制动总泵 □　发电机、传动带 □　起动机 □
其他：</td></tr>
<tr><th colspan="3">车辆外观检查</th><th colspan="3">车辆内部检查</th></tr>
<tr><td>凹凸 □</td><td colspan="2" rowspan="4"></td><td>污渍 □</td><td colspan="2" rowspan="4"></td></tr>
<tr><td>划痕 □</td><td>破损 □</td></tr>
<tr><td>石击 □</td><td>色斑 □</td></tr>
<tr><td>油漆 □</td><td>变形 □</td></tr>
<tr><td>明确具体工作任务</td><td colspan="5"></td></tr>
<tr><td>任务目标</td><td colspan="5">● 能够独立规范地对散热器面罩、前保险杠、前照灯及喇叭进行拆装
● 能够举一反三，对不同品牌车辆的附件进行拆装
● 能够解答客户提出的疑问</td></tr>
</table>

续表

任务内容	● 工具、设备准备 ● 散热器面罩、前保险杠、前照灯及喇叭拆装具体操作步骤
任务重点	● 散热器面罩、前保险杠、前照灯及喇叭拆装具体操作方法 ● 工具、设备准备
任务难点	● 散热器面罩、前保险杠、前照灯及喇叭拆装具体操作方法

一、任务准备

在下列图片中勾选出完成本任务所需的工具、设备、资料等。

扭力扳手	旋具	翼子板布	吹尘枪
抹布	工具车	工具套件	钢丝钳
举升机	维修手册	喇叭	实训车辆

二、防护措施

（一）个人安全防护

➢ 维修人员必须穿工作服、戴工作帽、穿工作鞋，工作服纽扣、拉链及皮带扣应藏于衣服内侧，袖口、领口、裤脚扣紧，佩戴手套，女生的长发要盘起塞在工作帽内。

➢ 维修人员在进入车间前应摘掉手表、戒指、项链、耳环等金属首饰。

➢ 维修人员在进行车辆维修操作时，应防止车轮压伤脚部、车门夹伤手部、热的发动机烫伤手部或发动机传动带绞伤手部等。

➢ 在搬运重物及尖锐器物时应注意动作姿势，防止扭伤腰部、砸伤脚部或划伤手部等。

（二）车辆、台架等设备安全防护

➢ 车辆进入车间内，应停放至指定地点，关闭发动机，将变速器置于空挡并拉紧驻车制动器，将台架的滑轮锁死或用木块将其固定。

➢ 维修操作前，应铺设三件套及翼子板布，发动机启动前应确保其他实训人员远离车辆，并连接尾排。

➢ 操作电气设备应注意用电安全，作业结束之后，应及时切断一切用电设备的电源。

➢ 操作前应熟读维修手册中的操作标准和台架、仪器、设备使用标准，并做好日常维护工作。

（三）车间场地安全防护

➢ 车间应配有干粉灭火器及相应消防措施，易燃油品应存放在密封的金属罐中。

➢ 应时刻注意车间内的工具、配件、设备、车辆等是否摆放整齐。

➢ 车间内设备、车辆周围的人行道和工作区域必须保证足够的安全空间。

➢ 操作过程中应做到工具、配件、油污三不落地，作业完毕应及时清理车间工作场地，做到现场 5S 管理。

三、任务分配（见表 1-1）

表 1-1　任务分配表

职务	代码	姓名	工作内容
组长	A		监督、管理组员工作
组员	B		准备实训所需车辆及配件
	C		
	D		准备实训所需工具、设备及手册
	E		

四、任务实施

完成下面操作步骤的排序，将正确的序号填写在表 1-2 中。

表 1-2　散热器面罩、前保险杠、前照灯及喇叭拆装操作步骤

项目	步骤	工作内容
安全防护和准备工作		铺设翼子板布
		安装三件套，打开发动机舱盖
		在车下正确位置摆放举升臂
拆卸散热器面罩、前保险杠、前照灯及喇叭		将车辆举升至适当高度，使用 10 mm 套管拆卸前保险杠下部 2 颗固定螺栓
		使用 T30 扳手和 10 mm 套管拆卸前照灯固定螺栓，并断开前照灯后部插接器，取下前照灯
		使用 T20 扳手拆卸前保险杠两侧与翼子板的固定螺栓，取下前保险杠
		使用 T30 扳手拆卸前保险杠中间 2 颗固定螺栓
		使用 T30 扳手拆卸散热器面罩上 3 颗固定螺栓，并取下散热器面罩
		使用 13 mm 套管拆卸喇叭支架固定螺栓，取出喇叭
		断开喇叭插接器，并取下喇叭
安装散热器面罩、前保险杠、前照灯及喇叭		将前保险杠装回原位，使用 T30 扳手安装前保险杠中间 2 颗固定螺栓
		将前照灯装回原位，连接后部插接器，使用 T30 扳手和 10 mm 套管安装并紧固固定螺栓
		连接喇叭插接器，并将喇叭按原位置装回
		将车辆举升至适当高度，使用 T20 扳手安装前保险杠两侧与翼子板的固定螺栓
		安装散热器面罩，使用 T30 扳手安装散热器面罩上 3 颗固定螺栓
		使用 13 mm 套管安装喇叭支架固定螺栓
		使用 10 mm 套管安装前保险杠下部 2 颗固定螺栓
		打开点火开关，检查前照灯、喇叭是否工作正常
整理现场		撤去翼子板布、三件套
		关闭发动机舱盖，整理工具及现场卫生

五、检查

（一）自检

结合本组任务操作，对任务执行过程的操作规范性进行检查，检查操作过程中是否存在以下问题，分析讨论应如何避免这些问题并总结规范的操作方法（见表 1-3）。

表 1-3　自检

检查项目	结果
车辆停放位置是否合适，是否将变速器置于空挡并拉紧驻车制动器	是 □　否 □
是否使用三件套对车辆进行防护	是 □　否 □
是否损坏散热器面罩、前保险杠、前照灯及喇叭	是 □　否 □
是否正确使用工具、设备	是 □　否 □
各螺栓是否按照维修手册规定力矩拧紧	是 □　否 □
工作场地是否清洁，车辆是否复位	是 □　否 □

（二）互检

组与组之间相互进行任务操作过程及结果检查，并将检查结果填写在表 1-4 中。

表 1-4 互检

检查项目	结果
车辆停放位置是否合适，是否将变速器置于空挡并拉紧驻车制动器	是□ 否□
是否使用三件套对车辆进行防护	是□ 否□
是否损坏散热器面罩、前保险杠、前照灯及喇叭	是□ 否□
是否正确使用工具、设备	是□ 否□
各螺栓是否按照维修手册规定力矩拧紧	是□ 否□
工作场地是否清洁，车辆是否复位	是□ 否□

六、课堂小结

任务二　散热器拆装

<table>
<tr><td colspan="6">散热器拆装任务工单</td></tr>
<tr><td>客户信息</td><td>姓名</td><td></td><td>电话</td><td colspan="2"></td></tr>
<tr><td rowspan="2">车辆信息</td><td colspan="2">车型</td><td colspan="2">VIN 码</td><td>行驶里程</td></tr>
<tr><td colspan="2"></td><td colspan="2"></td><td></td></tr>
<tr><td>客户描述</td><td colspan="5">散热器面罩、前保险杠及前照灯 □　散热器 □　喇叭 □
发动机舱盖 □　后视镜 □　后保险杠 □
前车门 □　前门玻璃 □　后车门 □
后门玻璃 □　全车座椅、前部安全带、地胶 □　全车锁 □
前部座椅 □　蓄电池及玻璃清洗系统 □　刮水器电动机 □
进气歧管、喷油器 □　翼子板及内衬 □　正时传动带 □
行李舱盖、尾灯、备胎 □　工作台、暖风水箱 □　发动机舱盖锁 □
离合器拉线 □　后部安全带 □　发动机及变速器支架 □
制动总泵 □　发电机、传动带 □　起动机 □
其他：</td></tr>
<tr><td colspan="3">车辆外观检查</td><td colspan="3">车辆内部检查</td></tr>
<tr><td>凹凸 □
划痕 □
石击 □
油漆 □</td><td colspan="2"></td><td>污渍 □
破损 □
色斑 □
变形 □</td><td colspan="2"></td></tr>
<tr><td>明确具体工作任务</td><td colspan="5"></td></tr>
</table>

任务目标

- 能够独立规范地对散热器进行拆装
- 能够举一反三，对不同品牌车辆的附件进行拆装
- 能够解答客户提出的疑问

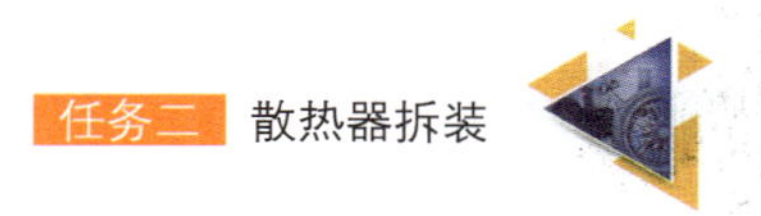

续表

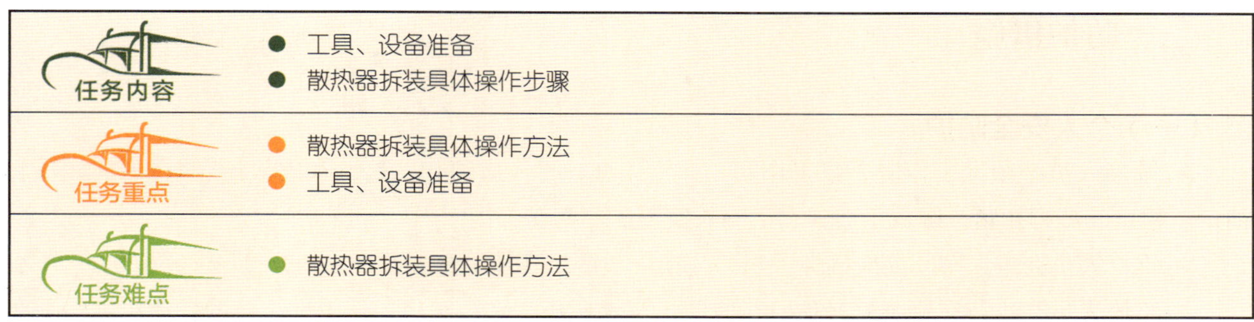

任务内容	● 工具、设备准备 ● 散热器拆装具体操作步骤
任务重点	● 散热器拆装具体操作方法 ● 工具、设备准备
任务难点	● 散热器拆装具体操作方法

一、任务准备

在下列图片中勾选出完成本任务所需的工具、设备、资料等。

扭力扳手	弹簧卡箍钳	翼子板布	吹尘枪
抹布	工具车	工具套件	钢丝钳
水盆	冰点测试仪	旋具套装	举升机
冷冻油	维修手册	冷却液	实训车辆

二、防护措施

（一）个人安全防护

➢ 维修人员必须穿工作服、戴工作帽、穿工作鞋，工作服纽扣、拉链及皮带扣应藏于衣服内侧，袖口、领口、裤脚扣紧，佩戴手套，女生的长发要盘起塞在工作帽内。

➢ 维修人员在进入车间前应摘掉手表、戒指、项链、耳环等金属首饰。

➢ 维修人员在进行车辆维修操作时，应防止车轮压伤脚部、车门夹伤手部、热的发动机烫伤手部或发动机传动带绞伤手部等。

➢ 在搬运重物及尖锐器物时应注意动作姿势，防止扭伤腰部、砸伤脚部或划伤手部等。

（二）车辆、台架等设备安全防护

➢ 车辆进入车间内，应停放至指定地点，关闭发动机，将变速器置于空挡并拉紧驻车制动器，将台架的滑轮锁死或用木块将其固定。

➢ 维修操作前，应铺设三件套及翼子板布，发动机启动前应确保其他实训人员远离车辆，并连接尾排。

➢ 操作电气设备应注意用电安全，作业结束之后，应及时切断一切用电设备的电源。

➢ 操作前应熟读维修手册中的操作标准和台架、仪器、设备使用标准，并做好日常维护工作。

（三）车间场地安全防护

➢ 车间应配有干粉灭火器及相应消防措施，易燃油品应存放在密封的金属罐中。

➢ 应时刻注意车间内的工具、配件、设备、车辆等是否摆放整齐。

➢ 车间内设备、车辆周围的人行道和工作区域必须保证足够的安全空间。

➢ 操作过程中应做到工具、配件、油污三不落地，作业完毕应及时清理车间工作场地，做到现场5S管理。

三、任务分配（见表 2-1）

表 2-1　任务分配表

职务	代码	姓名	工作内容
组长	A		监督、管理组员工作
组员	B		准备实训所需车辆及配件
	C		
	D		准备实训所需工具、设备及手册
	E		

四、任务实施

完成下面操作步骤的排序，将正确的序号填写在表 2-2 中。

表 2-2 散热器拆装操作步骤

项目	步骤	工作内容
安全防护和准备工作		在车下正确位置摆放举升臂
		安装车内三件套，打开发动机舱盖
		铺设翼子板布
拆卸前保险杠及前照灯		使用 T30 扳手和 10 mm 套管拆卸前照灯固定螺栓，并断开前照灯后部插接器，取下前照灯
		将车辆举升至适当高度，使用 10 mm 套管拆卸前保险杠下部 2 颗固定螺栓
		使用 T30 扳手拆卸前保险杠中间 2 颗固定螺栓
		使用 T20 扳手拆卸前保险杠两侧与翼子板的固定螺栓，取下前保险杠
		使用 T30 扳手拆卸散热器面罩上 3 颗固定螺栓，并取下散热器面罩
拆卸冷凝器及储液干燥器		使用 10 mm 套管拆卸散热器框架固定螺栓
		提起散热器框架，使用尖嘴钳拆卸与散热器框架连接的卡子，断开发动机舱盖锁拉线及喇叭插接器，取下散热器框架
		使用 10 mm 套管拆卸散热器上部 2 颗固定螺栓，并取下散热器固定支架
		使用 10 mm 套管拆卸冷凝器左右 2 颗固定螺栓及底部 2 颗固定螺栓，取下冷凝器及储液干燥器
		使用 19 mm 和 17 mm、22 mm 和 19 mm 呆扳手分别拆卸冷凝器左下、右上 2 根连接空调的管路
拆卸散热器		拆卸散热器上水管，并断开冷却风扇插接器
		打开冷却液蓄水壶盖，在散热器下水管位置放置水盆
		将散热器与冷却风扇一同取下
		拆卸散热器下水管，将冷却液排放干净
		拆卸冷却风扇固定螺栓，取下冷却风扇
安装散热器		将散热器按原位置装回
		连接冷却风扇插接器
		将冷却风扇按原位置装回到散热器上，安装紧固固定螺栓
		安装散热器上、下水管，并紧固卡箍
		取出水盆
安装冷凝器及储液干燥器		将冷凝器安装至固定位置，并安装紧固两侧及底部固定螺栓
		更换冷凝器两侧管路密封圈，并在密封圈上涂抹冷冻油，安装连接管路并紧固
		安装并紧固散热器框架固定螺栓
		安装散热器固定支架，并安装紧固散热器上部固定螺栓
		将散热器框架放置在安装位置，连接发动机舱盖拉线、喇叭插接器及线束卡子
		参照拆卸步骤安装空调管路

续表

项目	步骤	工作内容
安装前保险杠及前照灯		将前保险杠装回原位，并安装紧固两侧翼子板固定螺栓
		将前照灯装回原位，连接后部插接器，并安装紧固固定螺栓
		将车辆举升至合适高度，安装前保险杠下部 2 颗固定螺栓
		安装前保险杠中间 2 颗固定螺栓
		安装散热器面罩，并安装紧固固定螺栓
检查及整理现场		向冷却液储液壶加入冷却液至上限位置，并盖上壶盖
		撤去翼子板布、三件套，并关闭发动机舱盖
		启动发动机运转至冷却液温度正常，检查储液壶中冷却液位置是否正常
		检查散热器及水管连接处是否存在泄漏
		整理工具及现场卫生

五、检查

（一）自检

结合本组任务操作，对任务执行过程的操作规范性进行检查，检查操作过程中是否存在以下问题，分析讨论应如何避免这些问题并总结规范的操作方法（见表 2-3）。

表 2-3 自检

检查项目	结果
车辆停放位置是否合适，是否将变速器置于空挡并拉紧驻车制动器	是 □ 否 □
是否使用三件套对车辆进行防护	是 □ 否 □
是否损坏散热器、冷凝器、软管及储液干燥器	是 □ 否 □
是否正确使用工具、设备	是 □ 否 □
拆卸部件是否正确安装到位	是 □ 否 □
各螺栓是否按照维修手册规定力矩拧紧	是 □ 否 □
储液壶冷却液位置是否正常	是 □ 否 □
散热器及水管连接处是否存在泄漏	是 □ 否 □
工作场地是否清洁，车辆是否复位	是 □ 否 □

（二）互检

组与组之间相互进行任务操作过程及结果检查，并将检查结果填写在表 2-4 中。

表 2-4 互检

检查项目	结果
车辆停放位置是否合适，是否将变速器置于空挡并拉紧驻车制动器	是 □ 否 □
是否使用三件套对车辆进行防护	是 □ 否 □
是否损坏散热器、冷凝器、软管及储液干燥器	是 □ 否 □
是否正确使用工具、设备	是 □ 否 □
拆卸部件是否正确安装到位	是 □ 否 □
各螺栓是否按照维修手册规定力矩拧紧	是 □ 否 □
储液壶冷却液位置是否正常	是 □ 否 □
散热器及水管连接处是否存在泄漏	是 □ 否 □
工作场地是否清洁，车辆是否复位	是 □ 否 □

六、课堂小结

任务三　蓄电池、玻璃清洗系统、翼子板及内衬拆装

<table>
<tr><td colspan="5">蓄电池、玻璃清洗系统、翼子板及内衬拆装任务工单</td></tr>
<tr><td>客户信息</td><td>姓名</td><td></td><td>电话</td><td></td></tr>
<tr><td rowspan="2">车辆信息</td><td colspan="2">车型</td><td>VIN 码</td><td>行驶里程</td></tr>
<tr><td colspan="2"></td><td></td><td></td></tr>
<tr><td>客户描述</td><td colspan="4">散热器面罩、前保险杠及前照灯 □　散热器 □　喇叭 □
发动机舱盖 □　后视镜 □　后保险杠 □
前车门 □　前门玻璃 □　后车门 □
后门玻璃 □　全车座椅、前部安全带、地胶 □　全车锁 □
前部座椅 □　蓄电池及玻璃清洗系统 □　刮水器电动机 □
进气歧管、喷油器 □　翼子板及内衬 □　正时传动带 □
行李舱盖、尾灯、备胎 □　工作台、暖风水箱 □　发动机舱盖锁 □
离合器拉线 □　后部安全带 □　发动机及变速器支架 □
制动总泵 □　发电机、传动带 □　起动机 □
其他：</td></tr>
<tr><td colspan="2">车辆外观检查</td><td colspan="3">车辆内部检查</td></tr>
<tr><td>凹凸 □
划痕 □
石击 □
油漆 □</td><td></td><td>污渍 □
破损 □
色斑 □
变形 □</td><td colspan="2"></td></tr>
<tr><td>明确具体工作任务</td><td colspan="4"></td></tr>
<tr><td>任务目标</td><td colspan="4">● 能够独立规范地对汽车蓄电池、玻璃清洗系统、翼子板及内衬进行拆装
● 能够举一反三，对不同品牌车辆的附件进行拆装
● 能够解答客户提出的疑问</td></tr>
</table>

续表

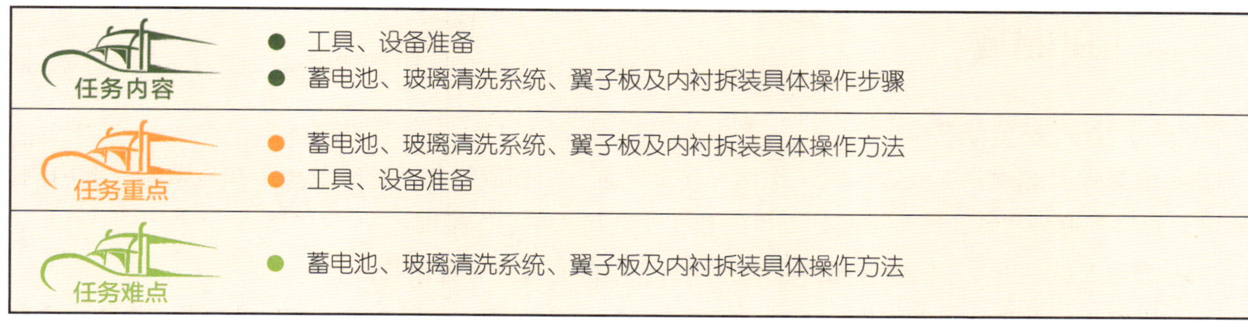

任务内容	● 工具、设备准备 ● 蓄电池、玻璃清洗系统、翼子板及内衬拆装具体操作步骤
任务重点	● 蓄电池、玻璃清洗系统、翼子板及内衬拆装具体操作方法 ● 工具、设备准备
任务难点	● 蓄电池、玻璃清洗系统、翼子板及内衬拆装具体操作方法

一、任务准备

在下列图片中勾选出完成本任务所需的工具、设备、资料等。

万用表	翼子板布	吹尘枪	抹布
工具车	工具套件	钢丝钳	抽油壶
冰点测试仪	旋具套装	配件车	蓄电池
维修手册	玻璃清洗液	实训车辆	举升机

二、防护措施

（一）个人安全防护

➢ 维修人员必须穿工作服、戴工作帽、穿工作鞋，工作服纽扣、拉链及皮带扣应藏于衣服内侧，袖口、领口、裤脚扣紧，佩戴手套，女生的长发要盘起塞在工作帽内。

➢ 维修人员在进入车间前应摘掉手表、戒指、项链、耳环等金属首饰。

➢ 维修人员在进行车辆维修操作时，应防止车轮压伤脚部、车门夹伤手部、热的发动机烫伤手部或发动机传动带绞伤手部等。

➢ 在搬运重物及尖锐器物时应注意动作姿势，防止扭伤腰部、砸伤脚部或划伤手部等。

（二）车辆、台架等设备安全防护

➢ 车辆进入车间内，应停放至指定地点，关闭发动机，将变速器置于空挡并拉紧驻车制动器，将台架的滑轮锁死或用木块将其固定。

➢ 维修操作前，应铺设三件套及翼子板布，发动机启动前应确保其他实训人员远离车辆，并连接尾排。

➢ 操作电气设备应注意用电安全，作业结束之后，应及时切断一切用电设备的电源。

➢ 操作前应熟读维修手册中的操作标准和台架、仪器、设备使用标准，并做好日常维护工作。

（三）车间场地安全防护

➢ 车间应配有干粉灭火器及相应消防措施，易燃油品应存放在密封的金属罐中。

➢ 应时刻注意车间内的工具、配件、设备、车辆等是否摆放整齐。

➢ 车间内设备、车辆周围的人行道和工作区域必须保证足够的安全空间。

➢ 操作过程中应做到工具、配件、油污三不落地，作业完毕应及时清理车间工作场地，做到现场5S管理。

三、任务分配（见表3-1）

表3-1　任务分配表

职务	代码	姓名	工作内容
组长	A		监督、管理组员工作
组员	B		准备实训所需车辆及配件
	C		
	D		准备实训所需工具、设备及手册
	E		

四、任务实施

完成下面操作步骤的排序，将正确的序号填写在表3-2中。

表 3-2 蓄电池、玻璃清洗系统、翼子板及内衬拆装操作步骤

项目	步骤	工作内容
安全防护和准备工作		铺设翼子板布
		安装三件套，打开发动机舱盖
拆卸蓄电池		打开蓄电池上方熔断器盖，使用 10 mm 套管拆卸蓄电池正极接线柱卡箍固定螺栓，并使用一字旋具撬下熔断器固定卡子，取下卡箍及熔断器
		使用 10 mm 套管拆卸蓄电池负极接线柱卡箍固定螺栓，并取下卡箍
		使用 13 mm 套管拆卸蓄电池下方固定螺栓，取出固定锁片，并将蓄电池取下
拆卸玻璃清洗系统		使用 10 mm 套管拆卸储液壶下方固定螺栓
		打开储液壶盖，使用抽油壶将储液壶内剩余清洗液抽净
		断开喷水嘴后部水管，使用一字旋具按住喷水嘴固定卡子，将喷水嘴取下
		用力将储液壶提起抬出，断开后部喷水电动机插接器及水管，将储液壶取出
拆卸前保险杠		将车辆举升至合适高度，使用 10 mm 套管拆卸前保险杠下部 2 颗固定螺栓
		使用 T30 扳手拆卸前保险杠中间 2 颗固定螺栓
		使用 T20 扳手拆卸前保险杠两侧与翼子板的固定螺栓，取下前保险杠
		使用 T30 扳手拆卸散热器面罩上 3 颗固定螺栓，并取下散热器面罩
拆卸翼子板及内衬		拆卸天线外部固定螺栓及内部支架螺栓，使天线与翼子板分离，并拔下转向灯
		拆卸翼子板上的前保险杠支架固定螺栓，取下支架
		拆卸翼子板前侧、下侧与内侧固定螺栓
		拆卸翼子板上部 6 颗固定螺栓，将翼子板取下，并拆卸转向灯罩
		拆卸翼子板内衬固定螺栓，取下翼子板内衬
安装翼子板及内衬		将天线支架安装回原位置并紧固螺栓，安装转向灯，并安装外部固定螺栓
		安装紧固翼子板前侧、内侧与下侧固定螺栓
		将转向灯罩安装在翼子板上，并将翼子板安装回原位置，安装紧固 6 颗固定螺栓
		将翼子板内衬安装回原位置，并紧固固定螺栓
		安装前保险杠支架，并紧固固定螺栓
安装前保险杠		将前保险杠装回原位，并安装紧固两侧翼子板固定螺栓
		安装前保险杠中间 2 颗固定螺栓
		将车辆举升至合适高度，安装前保险杠下部 2 颗固定螺栓
		安装散热器面罩，并安装紧固固定螺栓
安装玻璃清洗系统		将喷水嘴安装至原位置固定好，将卡子按压到位，并连接后部水管
		使用 10 mm 套管安装储液壶下方固定螺栓
		连接储液壶后部喷水电动机插接器及水管，将储液壶后部卡槽插入固定位置，并安装到位
安装蓄电池		安装蓄电池负极卡箍，并使用 10 mm 套管紧固固定螺栓
		安装蓄电池正极卡箍及熔断器，并使用 10 mm 套管紧固固定螺栓，盖上熔断器盖
		装入蓄电池，注意将蓄电池里侧卡入固定卡槽，并安装固定锁片，使用 13 mm 套管紧固固定螺栓，装入蓄电池保护套

续表

项目	步骤	工作内容
检查及整理现场		在储液壶内加入适量玻璃清洗液，并盖好壶盖
		调整时间
		撤去翼子板布及三件套，关闭发动机舱盖，整理工具及现场卫生
		使用万用表 20 V 电压挡测量发电机输出电压，正常约为 14 V
		启动发动机，测试发动机能否正常启动
		关闭发动机舱盖，扳动喷水开关，检查刮水器喷水是否正常

五、检查

（一）自检

结合本组任务操作，对任务执行过程的操作规范性进行检查，检查操作过程中是否存在以下问题，分析讨论应如何避免这些问题并总结规范的操作方法（见表 3–3）。

表 3–3　自检

检查项目	结果
车辆停放位置是否合适，是否将变速器置于空挡并拉紧驻车制动器	是 □　否 □
是否使用三件套对车辆进行防护	是 □　否 □
蓄电池工作是否正常	是 □　否 □
发电机发电是否正常	是 □　否 □
是否正确使用工具、设备	是 □　否 □
是否存在安全隐患	是 □　否 □
是否损坏汽车翼子板及内衬	是 □　否 □
拆卸部件是否正确安装到位	是 □　否 □
各螺栓是否按照维修手册规定力矩拧紧	是 □　否 □
玻璃清洗液是否正确抽取、加注	是 □　否 □
工作场地是否清洁，车辆是否复位	是 □　否 □

（二）互检

组与组之间相互进行任务操作过程及结果检查，并将检查结果填写在表 3–4 中。

表 3–4　互检

检查项目	结果
车辆停放位置是否合适，是否将变速器置于空挡并拉紧驻车制动器	是 □　否 □
是否使用三件套对车辆进行防护	是 □　否 □

续表

检查项目	结果
蓄电池工作是否正常	是□ 否□
发电机发电是否正常	是□ 否□
是否正确使用工具、设备	是□ 否□
是否存在安全隐患	是□ 否□
是否损坏汽车翼子板及内衬	是□ 否□
拆卸部件是否正确安装到位	是□ 否□
各螺栓是否按照维修手册规定力矩拧紧	是□ 否□
玻璃清洗液是否正确抽取、加注	是□ 否□
工作场地是否清洁，车辆是否复位	是□ 否□

六、课堂小结

任务四 发动机舱盖、舱盖锁拆装

<table>
<tr><td colspan="7">发动机舱盖、舱盖锁拆装任务工单</td></tr>
<tr><td>客户信息</td><td>姓名</td><td colspan="2"></td><td>电话</td><td colspan="2"></td></tr>
<tr><td rowspan="2">车辆信息</td><td colspan="2">车型</td><td colspan="2">VIN 码</td><td colspan="2">行驶里程</td></tr>
<tr><td colspan="2"></td><td colspan="2"></td><td colspan="2"></td></tr>
<tr><td>客户描述</td><td colspan="6">散热器面罩、前保险杠及前照灯 □ 散热器 □ 喇叭 □
发动机舱盖 □ 后视镜 □ 后保险杠 □
前车门 □ 前门玻璃 □ 后车门 □
后门玻璃 □ 全车座椅、前部安全带、地胶 □ 全车锁 □
前部座椅 □ 蓄电池及玻璃清洗系统 □ 刮水器电动机 □
进气歧管、喷油器 □ 翼子板及内衬 □ 正时传动带 □
行李舱盖、尾灯、备胎 □ 工作台、暖风水箱 □ 发动机舱盖锁 □
离合器拉线 □ 后部安全带 □ 发动机及变速器支架 □
制动总泵 □ 发电机、传动带 □ 起动机 □
其他：</td></tr>
<tr><td colspan="3">车辆外观检查</td><td colspan="4">车辆内部检查</td></tr>
<tr><td>凹凸 □
划痕 □
石击 □
油漆 □</td><td colspan="2"></td><td>污渍 □
破损 □
色斑 □
变形 □</td><td colspan="3"></td></tr>
<tr><td>明确具体工作任务</td><td colspan="6"></td></tr>
<tr><td>任务目标</td><td colspan="6">● 能够独立规范地对发动机舱盖、舱盖锁进行拆装
● 能够举一反三，对不同品牌车辆的附件进行拆装
● 能够解答客户提出的疑问</td></tr>
</table>

续表

	● 工具、设备准备 ● 发动机舱盖、舱盖锁拆装具体操作步骤
	● 发动机舱盖、舱盖锁拆装具体操作方法 ● 工具、设备准备
	● 发动机舱盖、舱盖锁拆装具体操作方法

一、任务准备

在下列图片中勾选出完成本任务所需的工具、设备、资料等。

扭力扳手	抹布	工具套件	钢丝钳
工具车	翼子板布	铆钉枪	电钻
	维修手册		
举升机	维修手册	舱盖锁	实训车辆

二、防护措施

（一）个人安全防护

➢ 维修人员必须穿工作服、戴工作帽、穿工作鞋，工作服纽扣、拉链及皮带扣应藏于衣服内侧，袖口、领口、裤脚扣紧，佩戴手套，女生的长发要盘起塞在工作帽内。

➢ 维修人员在进入车间前应摘掉手表、戒指、项链、耳环等金属首饰。

➢ 维修人员在进行车辆维修操作时，应防止车轮压伤脚部、车门夹伤手部、热的发动机烫伤手部或发动机传动带绞伤手部等。

➢ 在搬运重物及尖锐器物时应注意动作姿势，防止扭伤腰部、砸伤脚部或划伤手部等。

（二）车辆、台架等设备安全防护

➢ 车辆进入车间内，应停放至指定地点，关闭发动机，将变速器置于空挡并拉紧驻车制动器，将台架的滑轮锁死或用木块将其固定。

➢ 维修操作前，应铺设三件套及翼子板布，发动机启动前应确保其他实训人员远离车辆，并连接尾排。

➢ 操作电气设备应注意用电安全，作业结束之后，应及时切断一切用电设备的电源。

➢ 操作前应熟读维修手册中的操作标准和台架、仪器、设备使用标准，并做好日常维护工作。

（三）车间场地安全防护

➢ 车间应配有干粉灭火器及相应消防措施，易燃油品应存放在密封的金属罐中。

➢ 应时刻注意车间内的工具、配件、设备、车辆等是否摆放整齐。

➢ 车间内设备、车辆周围的人行道和工作区域必须保证足够的安全空间。

➢ 操作过程中应做到工具、配件、油污三不落地，作业完毕应及时清理车间工作场地，做到现场5S管理。

三、任务分配（见表4-1）

表4-1 任务分配表

职务	代码	姓名	工作内容
组长	A		监督、管理组员工作
组员	B		准备实训所需工具、设备及手册
	C		
	D		准备实训所需车辆及配件
	E		

四、任务实施

完成下面操作步骤的排序，将正确的序号填写在表4–2中。

表 4-2 发动机舱盖、舱盖锁拆装操作步骤

项目	步骤	工作内容
安全防护和准备工作		打开发动机舱盖
		铺设翼子板布
拆卸发动机舱盖		两名操作人员同时使用 10 mm 套管先后拆卸发动机舱盖底部固定螺栓
		操作人员 A 与操作人员 B 相对站立在发动机舱两侧，同时用手握住发动机舱盖底部，并用肩膀抵住发动机舱盖，防止发动机舱盖损坏风窗玻璃
		发动机舱盖固定螺栓拆卸完毕后，操作人员 A 将发动机舱盖支撑杆放下，两名操作人员一同将发动机舱盖抬下
		断开发动机舱盖下部喷水管，并将喷水管从发动机舱盖上取下
拆卸散热器舱盖		用力将散热器盖拆下
		拆卸散热器盖 3 颗固定螺栓
拆卸发动机舱盖锁		使用铆钉枪将发动机舱盖锁 4 颗铆钉拆下
		拆卸发动机舱盖上的锁挂钩，取下挂钩
		断开发动机舱盖锁拉线，取下发动机舱盖锁
安装发动机舱盖锁		安装发动机舱盖上的锁挂钩，并紧固固定螺栓
		使用铆钉枪安装固定发动机舱盖锁
		将发动机舱盖锁按原位置装回，并连接拉线
安装散热器舱盖		将散热器舱盖按原位置装回
		安装散热器舱盖 3 颗固定螺栓
安装及调整发动机舱盖		两名操作人员一同将发动机舱盖装回原位置，操作人员 A 将支撑杆支好
		两名操作人员同时使用 10 mm 套管安装发动机舱盖底部固定螺栓，并对螺栓进行预紧
		螺栓安装完毕，关闭发动机舱盖，检查其与两侧翼子板之间的缝隙，并做出适当调整
		调整后使缝隙正常，打开发动机舱盖，使用扭力扳手紧固固定螺栓至 12 N · m
检查及整理现场		关闭发动机舱盖，整理工具及现场卫生
		关闭发动机舱盖并再次打开发动机舱盖，检查发动机舱盖锁工作是否正常
		撤去翼子板布

五、检查

（一）自检

结合本组任务操作，对任务执行过程的操作规范性进行检查，检查操作过程中是否存在以下问题，分析讨论应如何避免这些问题并总结规范的操作方法（见表 4-3）。

表 4-3 自检

检查项目	结果
车辆停放位置是否合适，是否将变速器置于空挡并拉紧驻车制动器	是 □ 否 □
是否使用翼子板布对车辆进行防护	是 □ 否 □
是否顺利拆装发动机舱盖	是 □ 否 □
是否正确使用工具、设备	是 □ 否 □
发动机舱盖是否正确安装到位	是 □ 否 □
发动机舱盖锁工作是否正常	是 □ 否 □
是否存在安全隐患	是 □ 否 □
螺栓是否按照维修手册规定力矩拧紧	是 □ 否 □
工作场地是否清洁，车辆是否复位	是 □ 否 □

（二）互检

组与组之间相互进行任务操作过程及结果检查，并将检查结果填写在表 4-4 中。

表 4-4 互检

检查项目	结果
车辆停放位置是否合适，是否将变速器置于空挡并拉紧驻车制动器	是 □ 否 □
是否使用翼子板布对车辆进行防护	是 □ 否 □
是否顺利拆装发动机舱盖	是 □ 否 □
是否正确使用工具、设备	是 □ 否 □
发动机舱盖是否正确安装到位	是 □ 否 □
发动机舱盖锁工作是否正常	是 □ 否 □
是否存在安全隐患	是 □ 否 □
螺栓是否按照维修手册规定力矩拧紧	是 □ 否 □
工作场地是否清洁，车辆是否复位	是 □ 否 □

六、课堂小结

情境二

动力系统部件拆装

任务五　进气歧管、节气门及喷油器拆装

<table>
<tr><th colspan="7">进气歧管、节气门及喷油器拆装任务工单</th></tr>
<tr><td>客户信息</td><td>姓名</td><td colspan="2"></td><td>电话</td><td colspan="2"></td></tr>
<tr><td rowspan="2">车辆信息</td><td colspan="2">车型</td><td colspan="2">VIN 码</td><td colspan="2">行驶里程</td></tr>
<tr><td colspan="2"></td><td colspan="2"></td><td colspan="2"></td></tr>
<tr><td>客户描述</td><td colspan="6">散热器面罩、前保险杠及前照灯 □　散热器 □　喇叭 □
发动机舱盖 □　后视镜 □　后保险杠 □
前车门 □　前门玻璃 □　后车门 □
后门玻璃 □　全车座椅、前部安全带、地胶 □　全车锁 □
前部座椅 □　蓄电池及玻璃清洗系统 □　刮水器电动机 □
进气歧管、喷油器 □　翼子板及内衬 □　正时传动带 □
行李舱盖、尾灯、备胎 □　工作台、暖风水箱 □　发动机舱盖锁 □
离合器拉线 □　后部安全带 □　发动机及变速器支架 □
制动总泵 □　发电机、传动带 □　起动机 □
其他：</td></tr>
<tr><th colspan="3">车辆外观检查</th><th colspan="4">车辆内部检查</th></tr>
<tr><td>凹凸 □</td><td colspan="2" rowspan="4"></td><td>污渍 □</td><td colspan="3" rowspan="4"></td></tr>
<tr><td>划痕 □</td><td>破损 □</td></tr>
<tr><td>石击 □</td><td>色斑 □</td></tr>
<tr><td>油漆 □</td><td>变形 □</td></tr>
<tr><td>明确具体工作任务</td><td colspan="6"></td></tr>
<tr><td>任务目标</td><td colspan="6">● 能够独立规范地对进气歧管、节气门及喷油器进行拆装
● 能够举一反三，对不同品牌车辆的附件进行拆装
● 能够解答客户提出的疑问</td></tr>
</table>

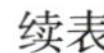
续表

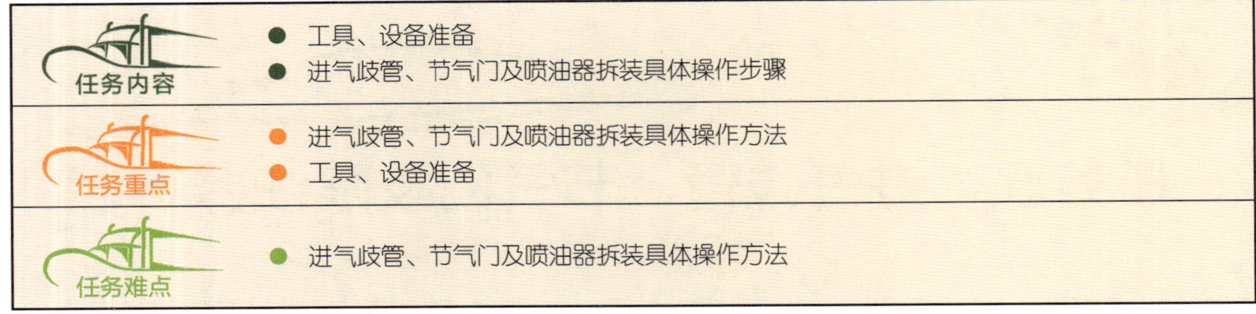

任务内容	● 工具、设备准备 ● 进气歧管、节气门及喷油器拆装具体操作步骤
任务重点	● 进气歧管、节气门及喷油器拆装具体操作方法 ● 工具、设备准备
任务难点	● 进气歧管、节气门及喷油器拆装具体操作方法

一、任务准备

在下列图片中勾选出完成本任务所需的工具、设备、资料等。

翼子板布	工具车	抹布	外卡簧钳
工具套件	配件车	旋具	尖嘴钳
内六角扳手	钢丝钳	扭力扳手	三件套

举升机	润滑脂	维修手册	实训车辆

二、防护措施

（一）个人安全防护

➢ 维修人员必须穿工作服、戴工作帽、穿工作鞋，工作服纽扣、拉链及皮带扣应藏于衣服内侧，袖口、领口、裤脚扣紧，佩戴手套，女生的长发要盘起塞在工作帽内。

➢ 维修人员在进入车间前应摘掉手表、戒指、项链、耳环等金属首饰。

➢ 维修人员在进行车辆维修操作时，应防止车轮压伤脚部、车门夹伤手部、热的发动机烫伤手部或发动机传动带绞伤手部等。

➢ 在搬运重物及尖锐器物时应注意动作姿势，防止扭伤腰部、砸伤脚部或划伤手部等。

（二）车辆、台架等设备安全防护

➢ 车辆进入车间内，应停放至指定地点，关闭发动机，将变速器置于空挡并拉紧驻车制动器，将台架的滑轮锁死或用木块将其固定。

➢ 维修操作前，应铺设三件套及翼子板布，发动机启动前应确保其他实训人员远离车辆，并连接尾排。

➢ 操作电气设备应注意用电安全，作业结束之后，应及时切断一切用电设备的电源。

➢ 操作前应熟读维修手册中的操作标准和台架、仪器、设备使用标准，并做好日常维护工作。

（三）车间场地安全防护

➢ 车间应配有干粉灭火器及相应消防措施，易燃油品应存放在密封的金属罐中。

➢ 应时刻注意车间内的工具、配件、设备、车辆等是否摆放整齐。

➢ 车间内设备、车辆周围的人行道和工作区域必须保证足够的安全空间。

➢ 操作过程中应做到工具、配件、油污三不落地，作业完毕应及时清理车间工作场地，做到现场5S管理。

三、任务分配（见表5-1）

表5-1　任务分配表

职务	代码	姓名	工作内容
组长	A		监督、管理组员工作
组员	B		准备实训所需工具、设备及手册
	C		

续表

职务	代码	姓名	工作内容
组员	D		准备实训所需车辆及配件
	E		

四、任务实施

完成下面操作步骤的排序，将正确的序号填写在表 5-2 中。

表 5-2 进气歧管、节气门及喷油器拆装操作步骤

项目	步骤	工作内容
安全防护和准备工作		打开发动机舱盖，铺设翼子板布
		铺设三件套
		启动发动机，等待发动机自行停止运行，泄放燃油系统压力。发动机停止运行后关闭点火开关，并装回 S37 号熔丝
		使用尖嘴钳拔下 S37 号熔丝，使燃油泵不能工作
拆卸附件		使用十字旋具拆卸发动机护罩固定螺钉，并取下护罩
		拔出油尺及油尺管，使用 M10 扳手拆卸油尺支架上的 2 颗螺栓，并取下支架
		断开进气压力传感器插接器，使用小一字旋具挑开真空助力器上真空管的卡子，断开真空管
		使用卡簧钳拆卸进气歧管上曲轴箱通风管固定卡子，断开通风管
		使用专用卡簧钳拆卸空气滤清器壳上方进气管及曲轴箱通风管卡箍，断开插接器，取下空气滤清器壳下部 2 个固定橡胶圈，取下空气滤清器壳
拆卸节气门体		断开碳罐通风管及节气门体插接器
		使用 T30 扳手拆卸节气门体 4 颗固定螺栓，将节气门体摆放在旁边
拆卸进气歧管及喷油器		使用 T30 和 6 mm 内六角扳手拆卸进气歧管上段 6 颗固定螺栓，用力向车头方向推，取下进气歧管上段
		使用 6 mm 内六角扳手拆卸油轨上 2 颗固定螺栓，用力拔出油轨及喷油器
		使用卡簧钳拆卸连接油轨的油管，用小一字旋具将油轨线束卡子挑开，断开 4 个喷油器插接器，将线束摆放旁边
		使用 M10 扳手拆卸进气歧管下端 9 颗固定螺栓，取下进气歧管下段
		使用小一字旋具将喷油器固定卡子挑下，将喷油器从油轨上取下
安装进气歧管及喷油器		将喷油器线束按原位置装回，连接插接器，并装好线束卡子；将油管接回油轨，用卡簧钳安装卡子
		将喷油器安装在油轨上，并安装固定卡子
		将进气歧管下段安装至原位置，使用 M10 扳手安装并紧固螺栓至 20 N · m
		更换喷油器密封圈，并涂抹适量润滑脂
		将进气歧管上段按原位置装回，安装时注意将尾部 2 处定位销及结合面稳定安装到位，并使用 T30 和 6 mm 内六角扳手安装紧固固定螺栓至 10 N · m
		将油轨及喷油器按原位置装回，使喷油器安装到位，并使用 6 mm 内六角扳手安装紧固螺栓至 10 N · m

续表

项目	步骤	工作内容
安装节气门体		连接节气门体插接器及碳罐通风管
		将节气门体安装至进气歧管上，并使用 T30 扳手安装紧固螺栓至 10 N · m
安装附件		连接进气压力传感器插接器及真空助力器的真空管，并使用钳子安装卡子
		连接进气歧管上的曲轴箱通风管，更换固定卡子，使用 7 mm 套管紧固
		安装油尺支架，使用 M10 扳手紧固螺栓至 20 N · m，装入油尺管并插入油尺
		安装发动机护罩，安装紧固螺钉
		将空气滤清器壳安装回原位置，使用卡簧钳安装进气管及曲轴箱通风管卡箍，并安装空气滤清器壳下部 2 个固定橡胶圈，连接插接器
检查及整理现场		撤去翼子板布，并关闭发动机舱盖
		撤去三件套，整理工具及现场卫生
		启动发动机，检查发动机启动是否顺利，工作是否平稳

五、检查

（一）自检

结合本组任务操作，对任务执行过程的操作规范性进行检查，检查操作过程中是否存在以下问题，分析讨论应如何避免这些问题并总结规范的操作方法（见表 5–3）。

表 5–3　自检

检查项目	结果
车辆停放位置是否合适，是否将变速器置于空挡并拉紧驻车制动器	是 □　否 □
是否使用三件套对车辆进行防护	是 □　否 □
是否损坏进气歧管及相关附件	是 □　否 □
是否正确使用工具、设备	是 □　否 □
是否存在安全隐患	是 □　否 □
拆卸部件是否正确安装到位	是 □　否 □
螺栓是否按照维修手册规定力矩拧紧	是 □　否 □
喷油器工作是否正常	是 □　否 □
工作场地是否清洁，车辆是否复位	是 □　否 □

（二）互检

组与组之间相互进行任务操作过程及结果检查，并将检查结果填写在表 5–4 中。

表 5-4　互检

检查项目	结果
车辆停放位置是否合适，是否将变速器置于空挡并拉紧驻车制动器	是 □　否 □
是否使用三件套对车辆进行防护	是 □　否 □
是否损坏进气歧管及相关附件	是 □　否 □
是否正确使用工具、设备	是 □　否 □
是否存在安全隐患	是 □　否 □
拆卸部件是否正确安装到位	是 □　否 □
螺栓是否按照维修手册规定力矩拧紧	是 □　否 □
喷油器工作是否正常	是 □　否 □
工作场地是否清洁，车辆是否复位	是 □　否 □

六、课堂小结

任务六　气门室罩盖垫及排气歧管垫更换

<table>
<tr><td colspan="7">气门室罩盖垫及排气歧管垫更换任务工单</td></tr>
<tr><td>客户信息</td><td>姓名</td><td colspan="2"></td><td>电话</td><td colspan="2"></td></tr>
<tr><td rowspan="2">车辆信息</td><td colspan="2">车型</td><td colspan="2">VIN 码</td><td colspan="2">行驶里程</td></tr>
<tr><td colspan="2"></td><td colspan="2"></td><td colspan="2"></td></tr>
<tr><td>客户描述</td><td colspan="6">散热器面罩、前保险杠及前照灯 □　散热器 □　喇叭 □
发动机舱盖 □　后视镜 □　后保险杠 □
前车门 □　前门玻璃 □　后车门 □
后门玻璃 □　全车座椅、前部安全带、地胶 □　全车锁 □
前部座椅 □　蓄电池及玻璃清洗系统 □　刮水器电动机 □
进气歧管、喷油器 □　翼子板及内衬 □　正时传动带 □
行李舱盖、尾灯、备胎 □　工作台、暖风水箱 □　发动机舱盖锁 □
离合器拉线 □　后部安全带 □　发动机及变速器支架 □
制动总泵 □　发电机、传动带 □　起动机 □
其他：</td></tr>
<tr><td colspan="3">车辆外观检查</td><td colspan="4">车辆内部检查</td></tr>
<tr><td>凹凸 □
划痕 □
石击 □
油漆 □</td><td colspan="2"></td><td>污渍 □
破损 □
色斑 □
变形 □</td><td colspan="3"></td></tr>
<tr><td>明确具体工作任务</td><td colspan="6"></td></tr>
</table>

任务目标

- 能够独立规范地对气门室罩盖垫及排气歧管垫进行拆装更换
- 能够举一反三，对不同品牌车辆的附件进行拆装
- 能够解答客户提出的疑问

续表

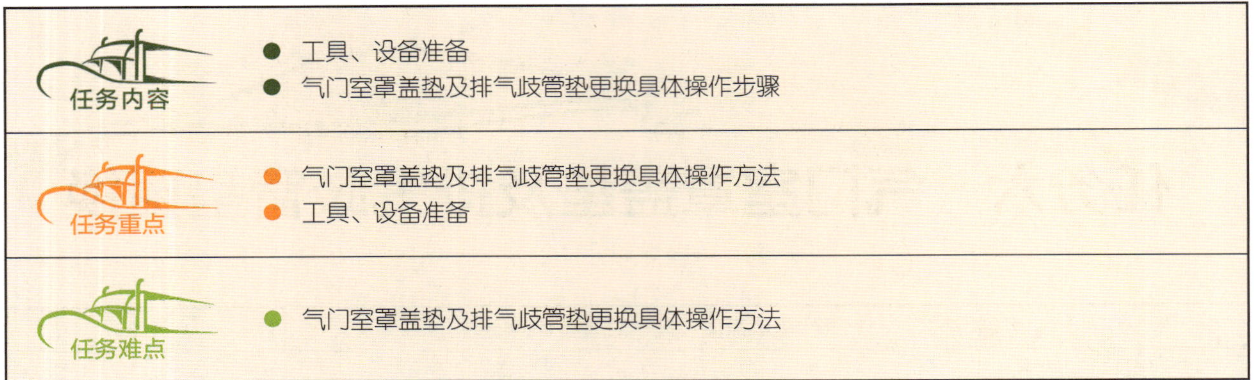

任务内容	● 工具、设备准备 ● 气门室罩盖垫及排气歧管垫更换具体操作步骤
任务重点	● 气门室罩盖垫及排气歧管垫更换具体操作方法 ● 工具、设备准备
任务难点	● 气门室罩盖垫及排气歧管垫更换具体操作方法

一、任务准备

在下列图片中勾选出完成本任务所需的工具、设备、资料等。

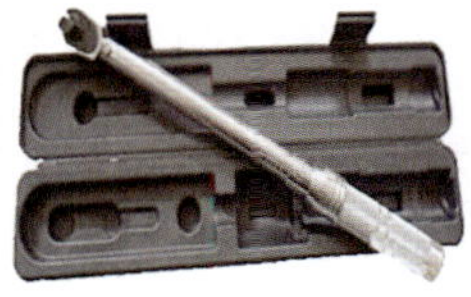 扭力扳手	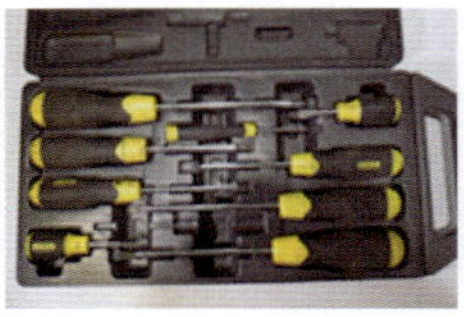 旋具套装	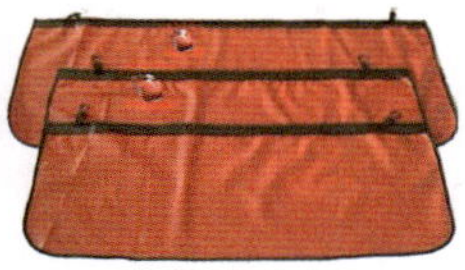 翼子板布	 卡簧钳
 抹布	 工具车	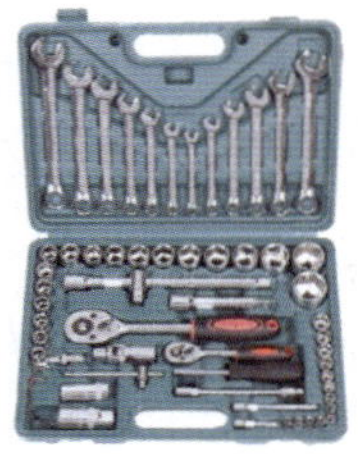 工具套件	 配件车
 内六角扳手	 撬棒	 钢丝钳	 三件套

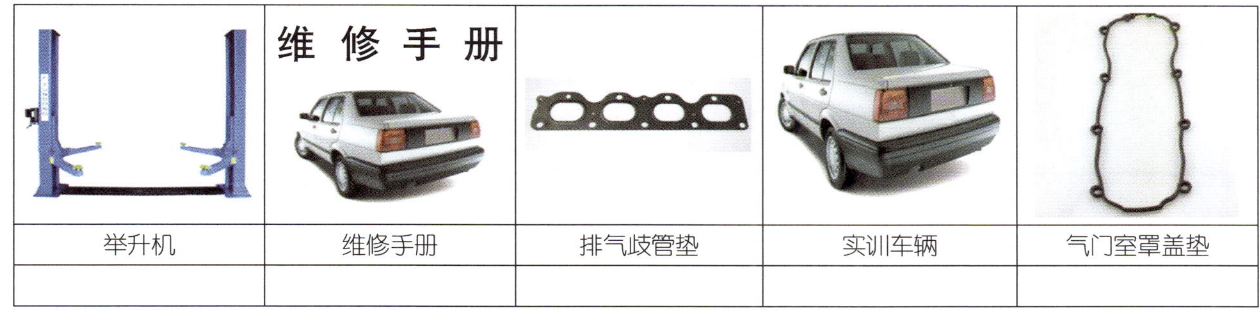

举升机	维修手册	排气歧管垫	实训车辆	气门室罩盖垫

二、防护措施

（一）个人安全防护

➢ 维修人员必须穿工作服、戴工作帽、穿工作鞋，工作服纽扣、拉链及皮带扣应藏于衣服内侧，袖口、领口、裤脚扣紧，佩戴手套，女生的长发要盘起塞在工作帽内。

➢ 维修人员在进入车间前应摘掉手表、戒指、项链、耳环等金属首饰。

➢ 维修人员在进行车辆维修操作时，应防止车轮压伤脚部、车门夹伤手部、热的发动机烫伤手部或发动机传动带绞伤手部等。

➢ 在搬运重物及尖锐器物时应注意动作姿势，防止扭伤腰部、砸伤脚部或划伤手部等。

（二）车辆、台架等设备安全防护

➢ 车辆进入车间内，应停放至指定地点，关闭发动机，将变速器置于空挡并拉紧驻车制动器，将台架的滑轮锁死或用木块将其固定。

➢ 维修操作前，应铺设三件套及翼子板布，发动机启动前应确保其他实训人员远离车辆，并连接尾排。

➢ 操作电气设备应注意用电安全，作业结束之后，应及时切断一切用电设备的电源。

➢ 操作前应熟读维修手册中的操作标准和台架、仪器、设备使用标准，并做好日常维护工作。

（三）车间场地安全防护

➢ 车间应配有干粉灭火器及相应消防措施，易燃油品应存放在密封的金属罐中。

➢ 应时刻注意车间内的工具、配件、设备、车辆等是否摆放整齐。

➢ 车间内设备、车辆周围的人行道和工作区域必须保证足够的安全空间。

➢ 操作过程中应做到工具、配件、油污三不落地，作业完毕应及时清理车间工作场地，做到现场 5S 管理。

三、任务分配（见表 6-1）

表 6-1 任务分配表

职务	代码	姓名	工作内容
组长	A		监督、管理组员工作
组员	B		准备实训所需车辆及配件
	C		

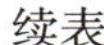
续表

职务	代码	姓名	工作内容
组员	D		准备实训所需工具、设备及手册
	E		

四、任务实施

完成下面操作步骤的排序，将正确的序号填写在表 6–2 和表 6–3 中。

表 6–2　气门室罩盖垫更换操作步骤

项目	步骤	工作内容
安全防护和准备工作		铺设三件套
		打开发动机舱盖，铺设翼子板布
		将工具车及配件车推至指定位置
拆卸进气歧管		断开节气门上的碳罐通风管及插接器；使用 T30 扳手拆卸节气门体的 4 颗固定螺栓，将节气门体摆放在旁边
		使用 7 mm 套管拆卸进气歧管上曲轴箱通风管固定卡子，断开通风管
		使用十字旋具拆卸发动机护罩固定螺钉，并取下护罩
		断开进气压力传感器插接器，使用小一字旋具挑开真空助力器上真空管的卡子，断开真空管
		使用卡簧钳拆卸空气滤清器壳上方进气管及曲轴箱通风管卡箍，断开插接器，取下空气滤清器壳下部的 2 个固定橡胶圈，取下空气滤清器壳
		使用 T30 扳手和 6 mm 内六角扳手拆卸进气歧管上段 6 颗固定螺栓，抬起进气歧管，向车头方向拉出定位销，取下进气歧管上段
更换气门室罩盖垫		使用 T30 扳手拆卸气门室罩盖固定螺栓，取下气门室罩盖及密封垫
		将新的密封垫安装在气门室罩盖上，安装时注意用螺栓导管固定密封垫
		将气门室罩盖安装在缸盖上，按照由中间至两边并交叉的顺序安装固定螺栓，紧固至 10 N · m
		从气门室盖上取下旧密封垫，使用抹布清洁气门室罩盖及缸盖结合面
整理现场		撤去翼子板布
		关闭发动机舱盖，整理工具及现场卫生

表 6–3　排气歧管垫更换操作步骤

项目	步骤	工作内容
安全防护和准备工作		铺设三件套
		打开发动机舱盖，铺设翼子板布
		将工具车及配件车推至指定位置
更换排气歧管垫		使用 12 mm 套管拆卸排气歧管隔热板固定螺栓，并取下隔热板
		使用 12 mm 套管拆卸排气歧管 8 颗固定螺栓，取下隔热板固定件

续表

项目	步骤	工作内容
更换排气歧管垫		使用撬棒将排气歧管与缸体分离，并取下排气歧管垫
		使用抹布清洁缸盖上的结合面，并安装新的密封垫
		安装排气歧管及隔热板固定件，并按照由中间至两边的顺序紧固螺栓至 25 N · m
		安装排气歧管隔热板，并紧固螺栓至 25 N · m
安装进气歧管		将进气歧管上段按原位置装回，安装时注意将后部两处定位销及结合面定位销安装到位，并使用 T30 扳手和 6 mm 内六角扳手安装紧固螺栓至 10 N · m
		安装发动机护罩，安装紧固螺钉
		将节气门体安装至进气歧管上，并使用 T30 扳手安装紧固螺栓至 10 N · m；连接节气门体插接器及碳罐通风管
		将空气滤清器壳安装回原位置，使用卡簧钳安装进气管及曲轴箱通风管卡箍，并安装空气滤清器壳下部 2 个固定橡胶圈，连接插接器
		连接进气歧管上的曲轴箱通风管，使用 7 mm 套管紧固固定卡子
		连接进气压力传感器插接器及真空助力器的真空管，并使用钢丝钳安装卡子
检查与整理现场		将工具车及配件车复位
		插入尾气排放装置，启动发动机，检查发动机启动是否顺利、工作是否平稳
		急踩加速踏板，检查排气歧管是否漏气
		撤去翼子板布，并关闭发动机舱盖
		撤去三件套，整理工具及现场卫生

五、检查

（一）自检

结合本组任务操作，对任务执行过程的操作规范性进行检查，检查操作过程中是否存在以下问题，分析讨论应如何避免这些问题并总结规范的操作方法（见表 6–4）。

表 6–4　自检

检查项目	结果
车辆停放位置是否合适，是否将变速器置于空挡并拉紧驻车制动器	是 □　否 □
是否使用三件套对车辆进行防护	是 □　否 □
是否正确更换气门室罩盖垫和排气歧管垫	是 □　否 □
是否正确使用工具、设备	是 □　否 □
各螺栓是否按照维修手册规定力矩拧紧	是 □　否 □
发动机启动是否顺利，工作是否平稳	是 □　否 □
排气歧管是否漏气	是 □　否 □
工作场地是否清洁，车辆是否复位	是 □　否 □

（二）互检

组与组之间相互进行任务操作过程及结果检查，并将检查结果填写在表 6-5 中。

表 6-5 互检

检查项目	结果
车辆停放位置是否合适，是否将变速器置于空挡并拉紧驻车制动器	是□ 否□
是否使用三件套对车辆进行防护	是□ 否□
是否正确更换气门室罩盖垫和排气歧管垫	是□ 否□
是否正确使用工具、设备	是□ 否□
各螺栓是否按照维修手册规定力矩拧紧	是□ 否□
发动机启动是否顺利，工作是否平稳	是□ 否□
排气歧管是否漏气	是□ 否□
工作场地是否清洁，车辆是否复位	是□ 否□

六、课堂小结

任务七　发电机传动带、发电机及起动机总成更换

<table>
<tr><td colspan="6">发电机传动带、发电机及起动机总成更换任务工单</td></tr>
<tr><td>客户信息</td><td>姓名</td><td></td><td>电话</td><td colspan="2"></td></tr>
<tr><td rowspan="2">车辆信息</td><td colspan="2">车型</td><td colspan="2">VIN 码</td><td>行驶里程</td></tr>
<tr><td colspan="2"></td><td colspan="2"></td><td></td></tr>
<tr><td>客户描述</td><td colspan="5">散热器面罩、前保险杠及前照灯 □　散热器 □　喇叭 □
发动机舱盖 □　后视镜 □　后保险杠 □
前车门 □　前门玻璃 □　后车门 □
后门玻璃 □　全车座椅、前部安全带、地胶 □　全车锁 □
前部座椅 □　蓄电池及玻璃清洗系统 □　刮水器电动机 □
进气歧管、喷油器 □　翼子板及内衬 □　正时传动带 □
行李舱盖、尾灯、备胎 □　工作台、暖风水箱 □　发动机舱盖锁 □
离合器拉线 □　后部安全带 □　发动机及变速器支架 □
制动总泵 □　发电机、传动带 □　起动机 □
其他：</td></tr>
<tr><td colspan="3">车辆外观检查</td><td colspan="3">车辆内部检查</td></tr>
<tr><td>凹凸 □</td><td rowspan="4" colspan="2"></td><td>污渍 □</td><td rowspan="4" colspan="2"></td></tr>
<tr><td>划痕 □</td><td>破损 □</td></tr>
<tr><td>石击 □</td><td>色斑 □</td></tr>
<tr><td>油漆 □</td><td>变形 □</td></tr>
<tr><td>明确具体工作任务</td><td colspan="5"></td></tr>
<tr><td>任务目标</td><td colspan="5">● 能够独立规范地对发电机传动带、发电机及起动机总成进行更换
● 能够举一反三，对不同品牌车辆的附件进行拆装
● 能够解答客户提出的疑问</td></tr>
</table>

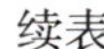
续表

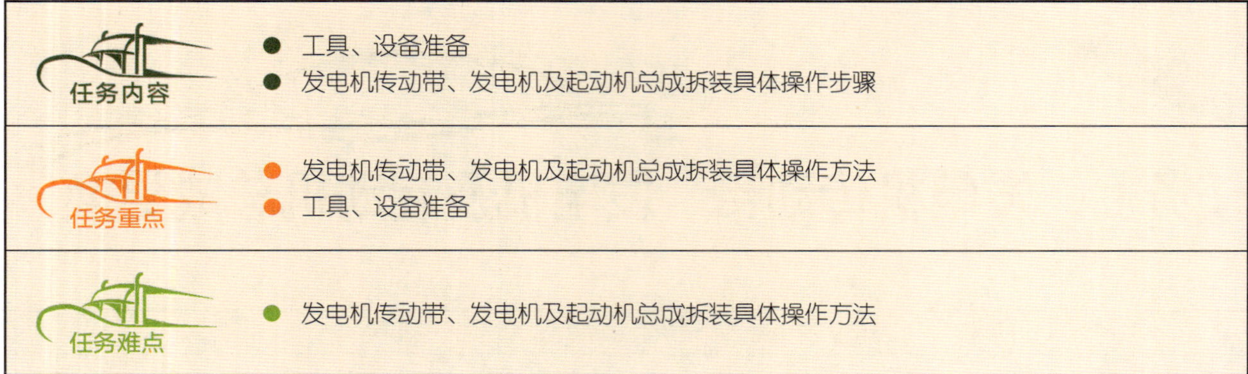

任务内容	● 工具、设备准备 ● 发电机传动带、发电机及起动机总成拆装具体操作步骤
任务重点	● 发电机传动带、发电机及起动机总成拆装具体操作方法 ● 工具、设备准备
任务难点	● 发电机传动带、发电机及起动机总成拆装具体操作方法

一、任务准备

在下列图片中勾选出完成本任务所需的工具、设备、资料等。

 撬棒	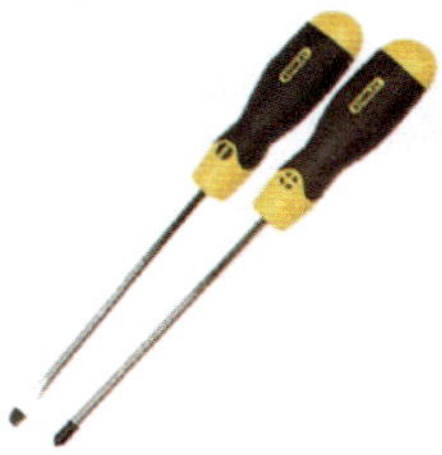 旋具	 翼子板布	 吹尘枪
 抹布	 发动机吊架	 工具套件	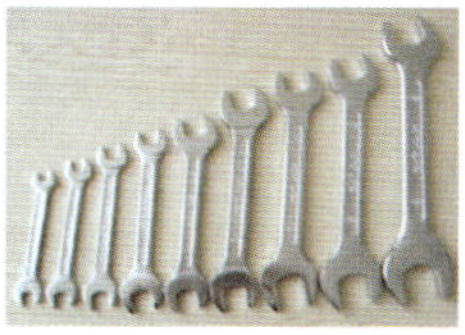 呆扳手
 手锤	 台虎钳	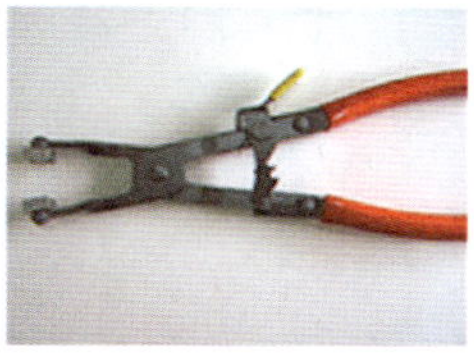 弹簧卡箍钳	 三件套

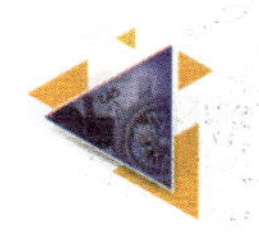

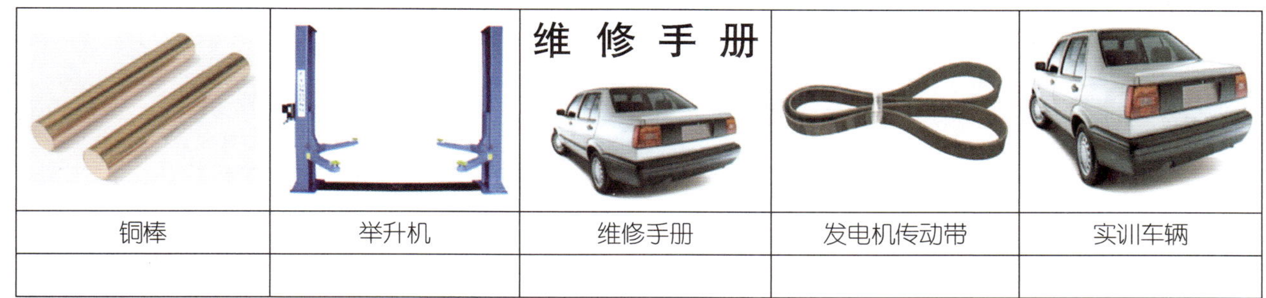

铜棒	举升机	维修手册	发电机传动带	实训车辆

二、防护措施

（一）个人安全防护

➢ 维修人员必须穿工作服、戴工作帽、穿工作鞋，工作服纽扣、拉链及皮带扣应藏于衣服内侧，袖口、领口、裤脚扣紧，佩戴手套，女生的长发要盘起塞在工作帽内。

➢ 维修人员在进入车间前应摘掉手表、戒指、项链、耳环等金属首饰。

➢ 维修人员在进行车辆维修操作时，应防止车轮压伤脚部、车门夹伤手部、热的发动机烫伤手部或发动机传动带绞伤手部等。

➢ 在搬运重物及尖锐器物时应注意动作姿势，防止扭伤腰部、砸伤脚部或划伤手部等。

（二）车辆、台架等设备安全防护

➢ 车辆进入车间内，应停放至指定地点，关闭发动机，将变速器置于空挡并拉紧驻车制动器，将台架的滑轮锁死或用木块将其固定。

➢ 维修操作前，应铺设三件套及翼子板布，发动机启动前应确保其他实训人员远离车辆，并连接尾排。

➢ 操作电气设备应注意用电安全，作业结束之后，应及时切断一切用电设备的电源。

➢ 操作前应熟读维修手册中的操作标准和台架、仪器、设备使用标准，并做好日常维护工作。

（三）车间场地安全防护

➢ 车间应配有干粉灭火器及相应消防措施，易燃油品应存放在密封的金属罐中。

➢ 应时刻注意车间内的工具、配件、设备、车辆等是否摆放整齐。

➢ 车间内设备、车辆周围的人行道和工作区域必须保证足够的安全空间。

➢ 操作过程中应做到工具、配件、油污三不落地，作业完毕应及时清理车间工作场地，做到现场5S 管理。

三、任务分配（见表 7-1）

表 7-1　任务分配表

职务	代码	姓名	工作内容
组长	A		监督、管理组员工作
组员	B		准备实训所需车辆及配件
	C		

续表

职务	代码	姓名	工作内容
组员	D		准备实训所需工具、设备及手册
	E		

四、任务实施

完成下面操作步骤的排序，将正确的序号填写在表 7–2 中。

表 7–2　发电机传动带、发电机及起动机总成更换操作步骤

项目	步骤	工作内容
安全防护和准备工作		铺设三件套
		打开发动机舱盖，铺设翼子板布，用吹尘枪简单清洁发动机舱
		将车辆驶入工位停好，变速器置于空挡，关闭发动机并拉紧驻车制动器
拆卸发电机、起动机前的工作		使用 10 mm 套管松开蓄电池负极接线柱紧固螺母，并取下接线柱卡箍
		使用十字旋具拆卸发动机护罩固定螺钉，并取下护罩
拆卸发电机		使用 15 mm 呆扳手扳住涨紧器上方凸起，向下压释放涨紧器压力，取下发电机传动带
		使用撬棒撬动发电机，将发电机轻轻取下
		拔下发电机后部插接器，用一字旋具撬下 3 号端子护盖，使用 13 mm 套管拆卸 3 号端子固定螺栓，取下电线，并用 8 mm 套管拆卸线路支架，取下发电机
		使用专用卡簧钳拆卸空气滤清器壳上方进气管卡子，取下空气滤清器壳
		使用千斤顶托住曲轴箱底壳将发动机顶起（托盘上放置橡胶垫或木板），使用 13 mm 套管拆卸发电机紧固螺栓
拆卸起动机		使用 16 mm 和 17 mm 套管拆卸起动机下部固定螺栓，并取下起动机
		安装发动机吊架，并使用 15 mm 套管拆卸发动机前支架固定螺栓
		举升车辆至合适高度，并挂上保险，举升时车下严禁站人
		拆卸起动机供电端子保护盖，使用 13 mm 套管拆卸供电端子固定螺栓，取下供电线，并拔下尾部插接器
		使用 13 mm 套管拆卸助力泵油管支架固定螺栓，并移开支架
		使用 13 mm 套管拆卸起动机上部线束铁架固定螺栓，将铁架移开，并用 16 mm 套管拆卸起动机上部固定螺栓
安装起动机		安装助力泵油管支架，并使用 13 mm 套管紧固至 25 N · m
		将起动机安装到固定位置，并使用 16 mm 和 17 mm 套管紧固起动机下部螺栓至 65 N · m
		将车辆降至合适的高度，并挂上保险，下降时车下严禁站人
		安装起动机上部固定螺栓，使用 16 mm 套管紧固至 65 N · m；将起动机上部线束铁架安装到固定位置，使用 13 mm 套管紧固至 25 N · m
		安装发动机前支架固定螺栓，使用 15 mm 套管紧固至 65 N · m，并拆卸发动机吊架
		插回起动机尾部插接器，并安装尾部供电线及固定螺栓，用 13 mm 套管紧固

续表

项目	步骤	工作内容
测试起动机及安装调试		启动发动机，测试起动机性能
		安装蓄电池负极接线柱卡箍，并用 10 mm 套管紧固
安装发电机		将发电机放入车身，安装 3 号端子电线，用 13 mm 套管紧固螺栓至 15 N · m，并安装线路支架，用 8 mm 套管紧固螺栓
		用台虎钳卡住发电机，装入固定螺栓，使用手锤和铜棒敲击螺栓，使发电机固定铁箍移位（使发电机安装时更易入位）
		将发电机放入安装位置，并插入固定螺栓，使用 13 mm 套管紧固至 25 N · m
		将发电机传动带按原位置缠绕各带轮轮槽，使用 15 mm 呆扳手扳住涨紧器上方凸起，向下压释放涨紧器压力，将传动带放置到涨紧轮下方压住后松开涨紧器
		安装空气滤清器壳，并用专用卡簧钳固定空气滤清器壳进气管
		安装涨紧轮及固定螺栓，并用 13 mm 套管紧固至 25 N · m
		使用 10 mm 套管松开蓄电池负极接线柱紧固螺母，并取下接线柱卡箍
测量发电机输出电压及安装调试		安装蓄电池负极接线柱卡箍，并用 10 mm 套管紧固
		安装发动机护罩，并拧紧固定螺钉
		启动发电机，使用万用表 20 V 电压挡测量发电机输出电压，正常约为 13.00 ~ 14.50 V
		调节时钟及各车窗玻璃升降（带此功能的车辆切勿忘记）
整理现场		整理工具及现场卫生
		撤去三件套及翼子板布

五、检查

（一）自检

结合本组任务操作，对任务执行过程的操作规范性进行检查，检查操作过程中是否存在以下问题，分析讨论应如何避免这些问题并总结规范的操作方法（见表 7–3）。

表 7–3　自检

检查项目	结果
车辆停放位置是否合适，是否将变速器置于空挡并拉紧驻车制动器	是 □　否 □
是否使用三件套对车辆进行防护	是 □　否 □
是否损坏发电机、起动机	是 □　否 □
是否正确使用工具、设备	是 □　否 □
是否正确更换发电机传动带	是 □　否 □
发电机、起动机是否正常工作	是 □　否 □
各螺栓是否按照维修手册规定力矩拧紧	是 □　否 □
发动机是否正常工作	是 □　否 □
工作场地是否清洁，车辆是否复位	是 □　否 □

（二）互检

组与组之间相互进行任务操作过程及结果检查，并将检查结果填写在表 7–4 中。

表 7–4　互检

检查项目	结果
车辆停放位置是否合适，是否将变速器置于空挡并拉紧驻车制动器	是 □　否 □
是否使用三件套对车辆进行防护	是 □　否 □
是否损坏发电机、起动机	是 □　否 □
是否正确使用工具、设备	是 □　否 □
是否正确更换发电机传动带	是 □　否 □
发电机、起动机是否正常工作	是 □　否 □
各螺栓是否按照维修手册规定力矩拧紧	是 □　否 □
发动机是否正常工作	是 □　否 □
工作场地是否清洁，车辆是否复位	是 □　否 □

六、课堂小结

任务八　正时传动带拆装

正时传动带拆装任务工单					
客户信息	姓名		电话		
车辆信息	车型		VIN 码		行驶里程

客户描述					
散热器面罩、前保险杠及前照灯	□	散热器	□	喇叭	□
发动机舱盖	□	后视镜	□	后保险杠	□
前车门	□	前门玻璃	□	后车门	□
后门玻璃	□	全车座椅、前部安全带、地胶	□	全车锁	□
前部座椅	□	蓄电池及玻璃清洗系统	□	刮水器电动机	□
进气歧管、喷油器	□	翼子板及内衬	□	正时传动带	□
行李舱盖、尾灯、备胎	□	工作台、暖风水箱	□	发动机舱盖锁	□
离合器拉线	□	后部安全带	□	发动机及变速器支架	□
制动总泵	□	发电机、传动带	□	起动机	□
其他：					

车辆外观检查	车辆内部检查
凹凸 □	污渍 □
划痕 □	破损 □
石击 □	色斑 □
油漆 □	变形 □

明确具体工作任务	

任务目标

- 能够独立规范地对正时传动带进行拆装
- 能够举一反三，对不同品牌车辆的附件进行拆装
- 能够解答客户提出的疑问

续表

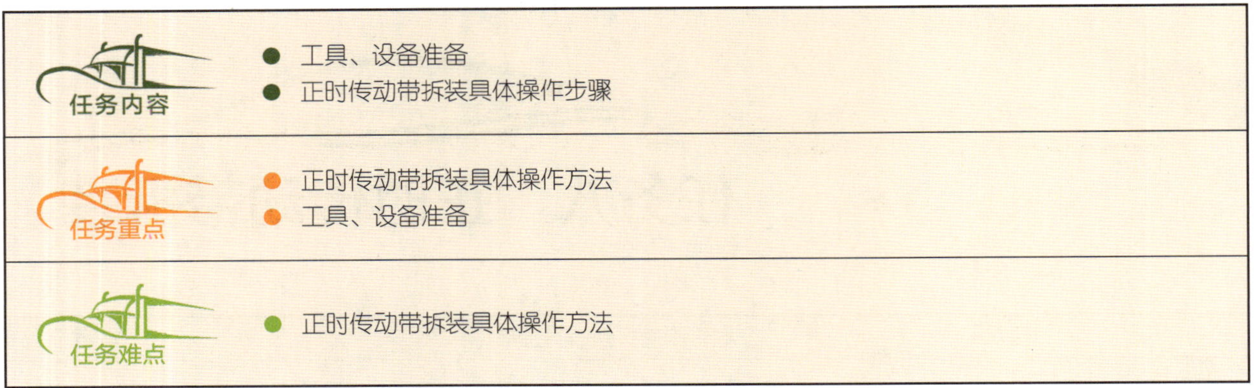

任务内容	● 工具、设备准备 ● 正时传动带拆装具体操作步骤
任务重点	● 正时传动带拆装具体操作方法 ● 工具、设备准备
任务难点	● 正时传动带拆装具体操作方法

一、任务准备

在下列图片中勾选出完成本任务所需的工具、设备、资料等。

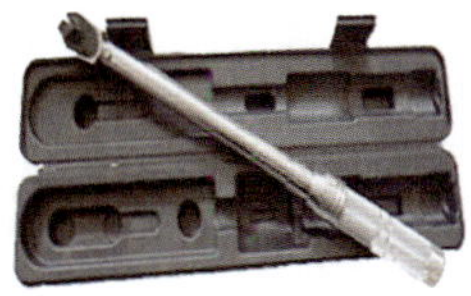 扭力扳手	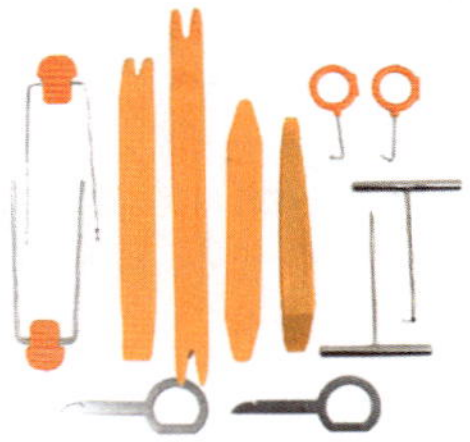 撬板	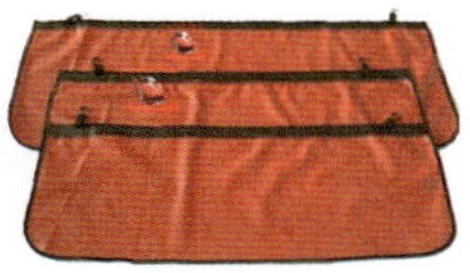 翼子板布	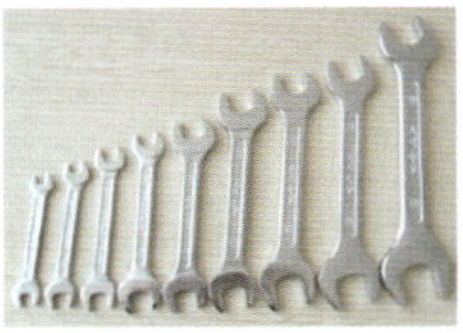 呆扳手
 抹布	 工具车	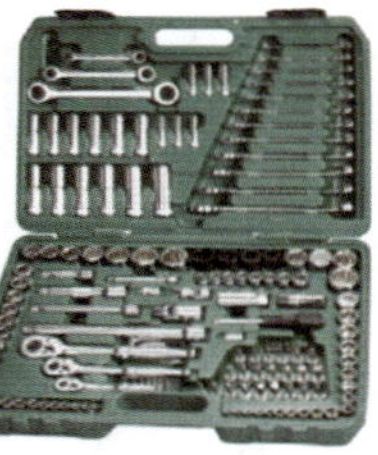 工具套件	 内六角扳手
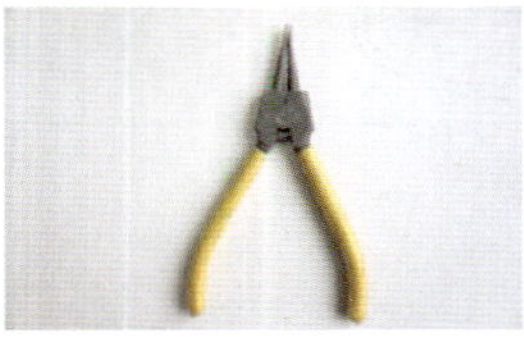 卡簧钳	 配件车	 三件套	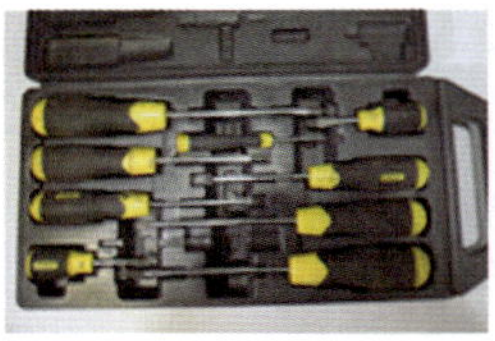 旋具套装

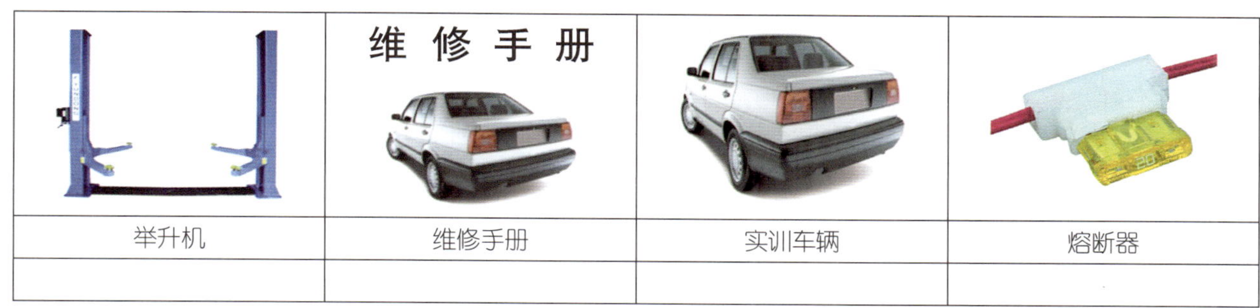

二、防护措施

(一)个人安全防护

➢ 维修人员必须穿工作服、戴工作帽、穿工作鞋，工作服纽扣、拉链及皮带扣应藏于衣服内侧，袖口、领口、裤脚扣紧，佩戴手套，女生的长发要盘起塞在工作帽内。

➢ 维修人员在进入车间前应摘掉手表、戒指、项链、耳环等金属首饰。

➢ 维修人员在进行车辆维修操作时，应防止车轮压伤脚部、车门夹伤手部、热的发动机烫伤手部或发动机传动带绞伤手部等。

➢ 在搬运重物及尖锐器物时应注意动作姿势，防止扭伤腰部、砸伤脚部或划伤手部等。

(二)车辆、台架等设备安全防护

➢ 车辆进入车间内，应停放至指定地点，关闭发动机，将变速器置于空挡并拉紧驻车制动器，将台架的滑轮锁死或用木块将其固定。

➢ 维修操作前，应铺设三件套及翼子板布，发动机启动前应确保其他实训人员远离车辆，并连接尾排。

➢ 操作电气设备应注意用电安全，作业结束之后，应及时切断一切用电设备的电源。

➢ 操作前应熟读维修手册中的操作标准和台架、仪器、设备使用标准，并做好日常维护工作。

(三)车间场地安全防护

➢ 车间应配有干粉灭火器及相应消防措施，易燃油品应存放在密封的金属罐中。

➢ 应时刻注意车间内的工具、配件、设备、车辆等是否摆放整齐。

➢ 车间内设备、车辆周围的人行道和工作区域必须保证足够的安全空间。

➢ 操作过程中应做到工具、配件、油污三不落地，作业完毕应及时清理车间工作场地，做到现场5S管理。

三、任务分配(见表8-1)

表8-1 任务分配表

职务	代码	姓名	工作内容
组长	A		监督、管理组员工作
组员	B		准备实训所需车辆及配件
	C		

续表

职务	代码	姓名	工作内容
组员	D		准备实训所需工具、设备及手册
	E		

四、任务实施

完成下面操作步骤的排序，将正确的序号填写在表 8–2 中。

表 8–2　正时传动带拆装操作步骤

项目	步骤	工作内容
安全防护和准备工作		铺设三件套
		打开发动机舱盖，铺设翼子板布
拆卸附件		断开曲轴箱通风电磁阀插接器，拆卸空气滤清器壳固定橡胶圈，使用卡簧钳拆卸曲轴箱通风管固定卡簧及空气滤清器壳固定卡簧，并取下空气滤清器壳
		使用 15 mm 呆扳手扳住涨紧器上方凸起，向下压释放涨紧轮压力，取下发电机传动带
		使用 13 mm 套筒拆卸涨紧器的 3 颗螺栓，取下涨紧器
		使用十字旋具拆卸发动机护罩固定螺钉，并取下护罩
拆卸正时传动带罩盖		使用小一字旋具挑开正时传动带罩盖卡子
		拆卸防溅板固定螺栓，取下防溅板
		拆卸中壳下方 2 颗螺栓，取下中壳
		使用 17 mm 轮胎扳手拆卸右前轮胎
		使用一字旋具将塑料螺钉卡子旋转 90°，脱开卡子取下正时传动带罩盖，在正时传动带上标记其运动方向
		在车上安装发动机吊架，装好挂钩，并将发动机吊起，拆卸中壳中间螺栓，将发动机吊架取下
拆卸曲轴传动带轮		用 6 mm 内六角扳手和 19 mm 套管松开曲轴传动带轮 4 颗固定螺栓
		使用 19 mm 套管旋转曲轴，分别对准曲轴传动带盘与凸轮轴传动带盘上的定位点
		拆卸正时传动带下部护壳 2 颗固定螺栓，取下护壳
		拆卸曲轴传动带轮 4 颗固定螺栓，取下曲轴传动带轮
拆卸正时传动带		将水泵侧正时传动带取下，然后取下正时传动带和涨紧器
		使用 13 mm 套筒松开传动带涨紧器螺母，释放涨紧轮压力
安装正时传动带		将正时传动带缠绕涨紧器，并装入凸轮轴正时齿轮
		使正时传动带受力侧绷紧，另外一侧装入水泵齿轮
		安装正时传动带涨紧器，注意涨紧器盘上的定位齿必须对准缸体定位凹槽内
		按涨紧轮上的箭头反向调整偏心轮，使涨紧轮上的指针与基准点对齐，并紧固固定螺栓至 45 N · m
		保证拆卸时曲轴与凸轮轴的相对位置不变，按照正时传动带上的标记将正时传动带装入曲轴侧正时齿轮

续表

项目	步骤	工作内容
安装曲轴传动带轮，并检查正时传动带安装情况		安装曲轴传动带轮，并紧固 4 颗固定螺栓至 20 N · m
		安装正时传动带下部护壳，并紧固 2 颗固定螺栓至 10 N · m
		旋转曲轴 2 圈，检查曲轴传动带轮与凸轮轴正时齿轮上的定位点是否同时对齐，若同时对齐，则安装正确；若出现偏差，则重新安装正时传动带
安装正时传动带罩盖		使用一字旋具将塑料螺钉卡子旋转 90°，使其固定
		安装上部罩盖，将卡子安装到位
		安装中部护壳，并安装 3 颗固定螺栓，将下部 2 颗螺栓紧固至 10 N · m
		安装发动机吊架，将发动机吊起，紧固中间螺栓至 10 N · m，拆卸吊架
安装附件		将发电机传动带按原位置缠绕各带轮轮槽，使用 15 mm 呆扳手扳住涨紧器释放压力，将传动带放置到涨紧轮下方压住后松开涨紧器
		安装发动机护罩，安装紧固螺钉
		安装涨紧器，并紧固螺栓至 20 N · m
		安装发动机下部防溅板，并紧固螺栓
		安装右前轮轮胎，并紧固固定螺栓至 110 N · m
		将空气滤清器壳放至安装位置，注意曲轴箱通风管与进气管需要同时插入，使用卡簧钳安装曲轴箱通风管及进气管固定卡簧，安装空气滤清器壳固定橡胶圈，并连接曲轴箱通风电磁阀插接器
检查及整理现场		撤去翼子板布，并关闭发动机舱盖
		撤去三件套，打扫卫生
		启动发动机，检查发动机启动是否顺利，工作是否平稳

五、检查

（一）自检

结合本组任务操作，对任务执行过程的操作规范性进行检查，检查操作过程中是否存在以下问题，分析讨论应如何避免这些问题并总结规范的操作方法（见表 8–3）。

表 8–3　自检

检查项目	结果
车辆停放位置是否合适，是否将变速器置于空挡并拉紧驻车制动器	是 □　否 □
是否使用三件套对车辆进行防护	是 □　否 □
发动机是否正常工作	是 □　否 □
是否正确使用工具、设备	是 □　否 □
是否存在安全隐患	是 □　否 □
拆卸部件是否正确安装到位	是 □　否 □
螺栓是否按照维修手册规定力矩拧紧	是 □　否 □
工作场地是否清洁，车辆是否复位	是 □　否 □

（二）互检

组与组之间相互进行任务操作过程及结果检查，并将检查结果填写在表 8–4 中。

表 8–4　互检

检查项目	结果
车辆停放位置是否合适，是否将变速器置于空挡并拉紧驻车制动器	是 □　否 □
是否使用三件套对车辆进行防护	是 □　否 □
发动机是否正常工作	是 □　否 □
是否正确使用工具、设备	是 □　否 □
是否存在安全隐患	是 □　否 □
拆卸部件是否正确安装到位	是 □　否 □
螺栓是否按照维修手册规定力矩拧紧	是 □　否 □
工作场地是否清洁，车辆是否复位	是 □　否 □

六、课堂小结

____

____

____

任务九　发动机及变速器支架拆装

发动机及变速器支架拆装任务工单					
客户信息	姓名		电话		
车辆信息	车型		VIN 码		行驶里程
客户描述	散热器面罩、前保险杠及前照灯 □	散热器 □	喇叭 □		
	发动机舱盖 □	后视镜 □	后保险杠 □		
	前车门 □	前门玻璃 □	后车门 □		
	后门玻璃 □	全车座椅、前部安全带、地胶 □	全车锁 □		
	前部座椅 □	蓄电池及玻璃清洗系统 □	刮水器电动机 □		
	进气歧管、喷油器 □	翼子板及内衬 □	正时传动带 □		
	行李舱盖、尾灯、备胎 □	工作台、暖风水箱 □	发动机舱盖锁 □		
	离合器拉线 □	后部安全带 □	发动机及变速器支架 □		
	制动总泵 □	发电机、传动带 □	起动机 □		
	其他：				
车辆外观检查			车辆内部检查		
凹凸 □			污渍 □		
划痕 □			破损 □		
石击 □			色斑 □		
油漆 □			变形 □		
明确具体工作任务					

任务目标

- 能够独立规范地对发动机及变速器支架进行拆装
- 能够举一反三，对不同品牌车辆的附件进行拆装
- 能够解答客户提出的疑问

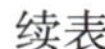
续表

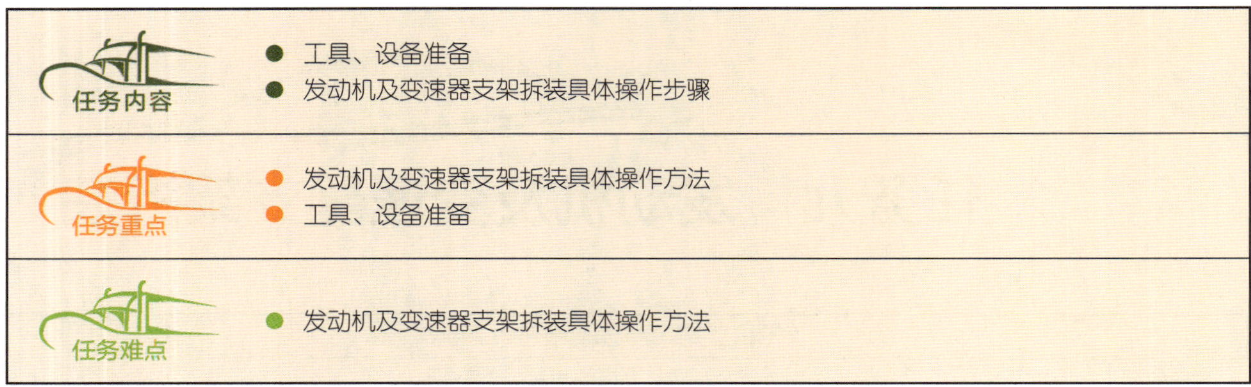

任务内容	● 工具、设备准备 ● 发动机及变速器支架拆装具体操作步骤
任务重点	● 发动机及变速器支架拆装具体操作方法 ● 工具、设备准备
任务难点	● 发动机及变速器支架拆装具体操作方法

一、任务准备

在下列图片中勾选出完成本任务所需的工具、设备、资料等。

三件套	旋具套装	翼子板布	发动机吊架
抹布	工具车	工具套件	钢丝钳
举升机	维修手册	熔断器	实训车辆

二、防护措施

（一）个人安全防护

➢ 维修人员必须穿工作服、戴工作帽、穿工作鞋，工作服纽扣、拉链及皮带扣应藏于衣服内侧，袖口、领口、裤脚扣紧，佩戴手套，女生的长发要盘起塞在工作帽内。

➢ 维修人员在进入车间前应摘掉手表、戒指、项链、耳环等金属首饰。

➢ 维修人员在进行车辆维修操作时，应防止车轮压伤脚部、车门夹伤手部、热的发动机烫伤手部或发动机传动带绞伤手部等。

➢ 在搬运重物及尖锐器物时应注意动作姿势，防止扭伤腰部、砸伤脚部或划伤手部等。

（二）车辆、台架等设备安全防护

➢ 车辆进入车间内，应停放至指定地点，关闭发动机，将变速器置于空挡并拉紧驻车制动器，将台架的滑轮锁死或用木块将其固定。

➢ 维修操作前，应铺设三件套及翼子板布，发动机启动前应确保其他实训人员远离车辆，并连接尾排。

➢ 操作电气设备应注意用电安全，作业结束之后，应及时切断一切用电设备的电源。

➢ 操作前应熟读维修手册中的操作标准和台架、仪器、设备使用标准，并做好日常维护工作。

（三）车间场地安全防护

➢ 车间应配有干粉灭火器及相应消防措施，易燃油品应存放在密封的金属罐中。

➢ 应时刻注意车间内的工具、配件、设备、车辆等是否摆放整齐。

➢ 车间内设备、车辆周围的人行道和工作区域必须保证足够的安全空间。

➢ 操作过程中应做到工具、配件、油污三不落地，作业完毕应及时清理车间工作场地，做到现场5S管理。

三、任务分配（见表9-1）

表9-1 任务分配表

职务	代码	姓名	工作内容
组长	A		监督、管理组员工作
组员	B		准备实训所需车辆及配件
	C		
	D		准备实训所需工具、设备及手册
	E		

四、任务实施

完成下面操作步骤的排序，将正确的序号填写在表9-2中。

表 9-2 发动机及变速器支架拆装操作步骤

项目	步骤	工作内容
安全防护和准备工作		铺设三件套
		打开发动机舱盖，铺设翼子板布
安装发动机吊架		将发动机吊架放置在车上
		在发动机合适位置安装挂钩并紧固
		拆卸发动机护罩及空气滤清器壳
拆卸发动机前部支架		举升车辆至合适高度，并挂上保险
		拆卸发动机前部支架底部 2 颗固定螺栓
		拆卸发动机前部支架前部固定螺栓
		拆卸转向助力油管支架固定螺栓，取下发动机前部支架
安装发动机前部支架		将车辆降至合适高度，安装支架前部固定螺栓并紧固至 45 N · m
		安装转向助力油管支架，并紧固固定螺栓至 20 N · m
		将前部支架按原位置装回，并分别紧固底部 2 颗固定螺栓至 20 N · m 和 45 N · m
拆卸发动机后部支架		拆卸支架下部固定螺栓，并取下发动机后部支架
		拆卸发动机后部支架上部固定螺栓
		举升车辆至合适高度，并挂上保险
安装发动机后部支架		将车辆降至合适高度，安装支架上部固定螺栓，并紧固至 20 N · m
		将发动机后部支架装回原位，并紧固下部固定螺栓至 45 N · m
拆卸变速器支架		拆卸差速器上选挡杆支架的 3 颗固定螺栓，移开支架，取出变速器支架
		拆卸支架 2 颗固定螺栓
		拆卸变速器支架上部固定螺栓
安装变速器支架		将变速器支架装回原位，并紧固 2 颗固定螺栓至 20 N · m
		安装差速器上选挡杆支架，并紧固 3 颗固定螺栓至 20 N · m
		安装变速器支架上部固定螺栓，并紧固至 45 N · m
拆卸发动机吊架		拆卸吊架挂钩，并取下发动机吊架
		安装空气滤清器壳及发动机护罩
整理现场		撤去三件套，打扫卫生
		撤去翼子板布，并关闭发动机舱盖

五、检查

（一）自检

结合本组任务操作，对任务执行过程的操作规范性进行检查，检查操作过程中是否存在以下问题，分析讨论应如何避免这些问题并总结规范的操作方法（见表 9-3）。

表 9-3 自检

检查项目	结果
车辆停放位置是否合适，是否将变速器置于空挡并拉紧驻车制动器	是□ 否□
是否使用三件套对车辆进行防护	是□ 否□
是否存在安全隐患	是□ 否□
是否正确使用工具、设备	是□ 否□
拆卸部件是否正确安装到位	是□ 否□
各螺栓是否按照维修手册规定力矩拧紧	是□ 否□
工作场地是否清洁，车辆是否复位	是□ 否□

（二）互检

组与组之间相互进行任务操作过程及结果检查，并将检查结果填写在表 9-4 中。

表 9-4 互检

检查项目	结果
车辆停放位置是否合适，是否将变速器置于空挡并拉紧驻车制动器	是□ 否□
是否使用三件套对车辆进行防护	是□ 否□
是否存在安全隐患	是□ 否□
是否正确使用工具、设备	是□ 否□
拆卸部件是否正确安装到位	是□ 否□
各螺栓是否按照维修手册规定力矩拧紧	是□ 否□
工作场地是否清洁，车辆是否复位	是□ 否□

六、课堂小结

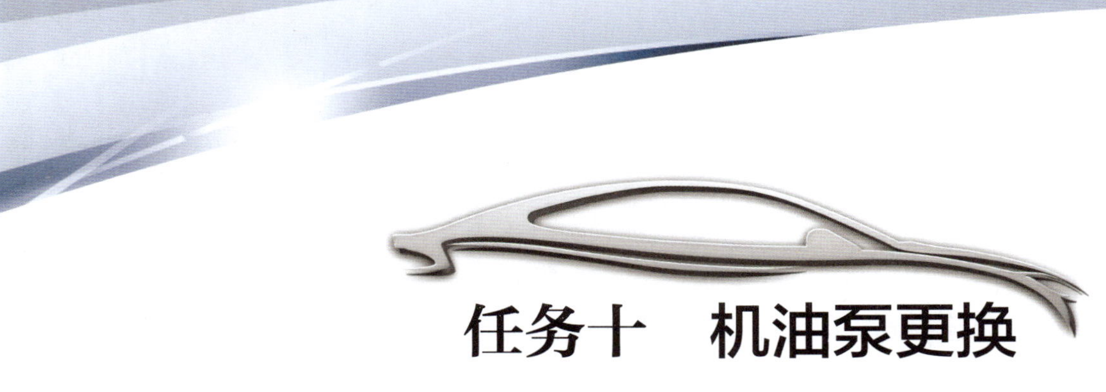

任务十　机油泵更换

<table>
<tr><td colspan="7">机油泵更换任务工单</td></tr>
<tr><td>客户信息</td><td>姓名</td><td colspan="2"></td><td>电话</td><td colspan="2"></td></tr>
<tr><td rowspan="2">车辆信息</td><td colspan="2">车型</td><td colspan="2">VIN 码</td><td colspan="2">行驶里程</td></tr>
<tr><td colspan="2"></td><td colspan="2"></td><td colspan="2"></td></tr>
<tr><td>客户描述</td><td colspan="6">散热器面罩、前保险杠及前照灯 □　散热器 □　喇叭 □
发动机舱盖 □　后视镜 □　后保险杠 □
前车门 □　前门玻璃 □　后车门 □
后门玻璃 □　全车座椅、前部安全带、地胶 □　全车锁 □
前部座椅 □　蓄电池及玻璃清洗系统 □　刮水器电动机 □
进气歧管、喷油器 □　翼子板及内衬 □　正时传动带 □
行李舱盖、尾灯、备胎 □　工作台、暖风水箱 □　发动机舱盖锁 □
离合器拉线 □　后部安全带 □　发动机及变速器支架 □
制动总泵 □　发电机、传动带 □　起动机 □
其他：</td></tr>
<tr><td colspan="3">车辆外观检查</td><td colspan="4">车辆内部检查</td></tr>
<tr><td>凹凸 □
划痕 □
石击 □
油漆 □</td><td colspan="2"></td><td>污渍 □
破损 □
色斑 □
变形 □</td><td colspan="3"></td></tr>
<tr><td>明确具体工作任务</td><td colspan="6"></td></tr>
<tr><td>任务目标</td><td colspan="6">● 能够独立规范地对机油泵进行更换
● 能够举一反三，对不同品牌车辆的附件进行拆装
● 能够解答客户提出的疑问</td></tr>
</table>

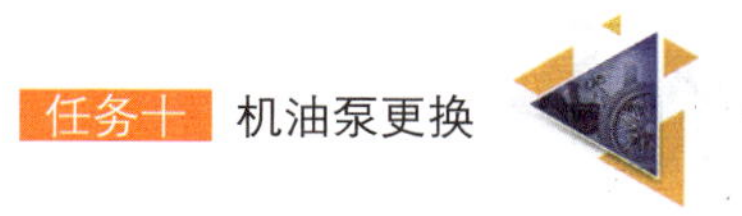

续表

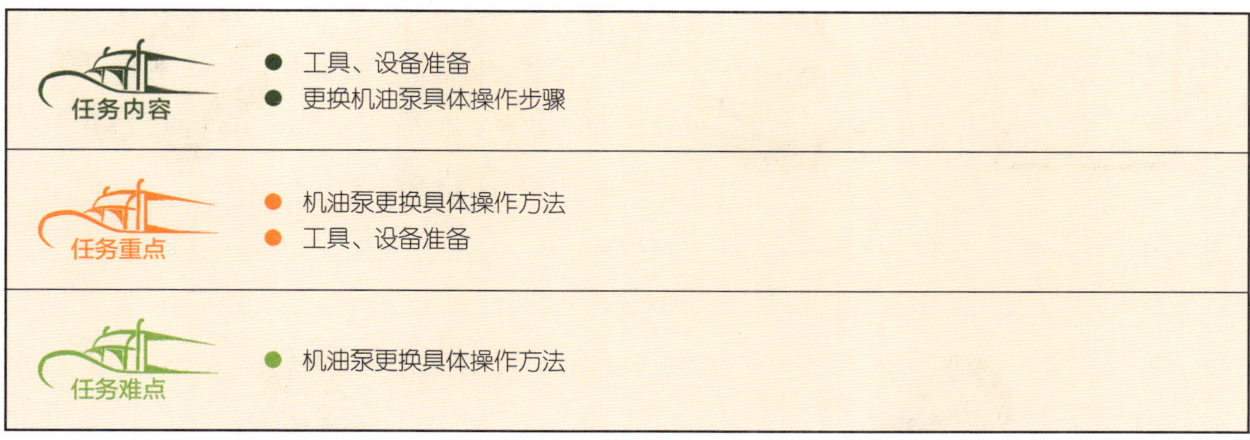

任务内容	● 工具、设备准备 ● 更换机油泵具体操作步骤
任务重点	● 机油泵更换具体操作方法 ● 工具、设备准备
任务难点	● 机油泵更换具体操作方法

一、任务准备

在下列图片中勾选出完成本任务所需的工具、设备、资料等。

扭力扳手	内六角扳手	翼子板布	吹尘枪
抹布	工具车	工具套件	钢丝钳
支挡扳手	机油回收车	旋具套装	机油加注器

举升机	维修手册	机油	实训车辆

机油泵	机油滤清器

二、防护措施

（一）个人安全防护

➢ 维修人员必须穿工作服、戴工作帽、穿工作鞋，工作服纽扣、拉链及皮带扣应藏于衣服内侧，袖口、领口、裤脚扣紧，佩戴手套，女生的长发要盘起塞在工作帽内。

➢ 维修人员在进入车间前应摘掉手表、戒指、项链、耳环等金属首饰。

➢ 维修人员在进行车辆维修操作时，应防止车轮压伤脚部、车门夹伤手部、热的发动机烫伤手部或发动机传动带绞伤手部等。

➢ 在搬运重物及尖锐器物时应注意动作姿势，防止扭伤腰部、砸伤脚部或划伤手部等。

（二）车辆、台架等设备安全防护

➢ 车辆进入车间内，应停放至指定地点，关闭发动机，将变速器置于空挡并拉紧驻车制动器，将台架的滑轮锁死或用木块将其固定。

➢ 维修操作前，应铺设三件套及翼子板布，发动机启动前应确保其他实训人员远离车辆，并连接尾排。

➢ 操作电气设备应注意用电安全，作业结束之后，应及时切断一切用电设备的电源。

➢ 操作前应熟读维修手册中的操作标准和台架、仪器、设备使用标准，并做好日常维护工作。

（三）车间场地安全防护

➢ 车间应配有干粉灭火器及相应消防措施，易燃油品应存放在密封的金属罐中。

➢ 应时刻注意车间内的工具、配件、设备、车辆等是否摆放整齐。

➢ 车间内设备、车辆周围的人行道和工作区域必须保证足够的安全空间。

➢ 操作过程中应做到工具、配件、油污三不落地，作业完毕应及时清理车间工作场地，做到现场5S管理。

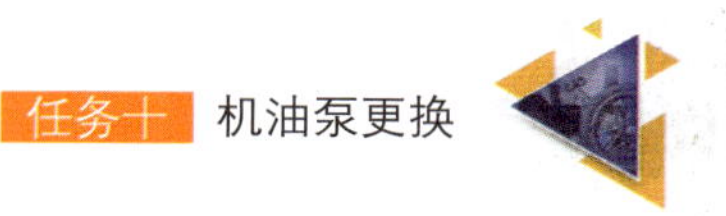

三、任务分配（见表 10-1）

表 10-1 任务分配表

职务	代码	姓名	工作内容
组长	A		监督、管理组员工作
组员	B		准备实训所需车辆及配件
	C		
	D		准备实训所需工具、设备及手册
	E		

四、任务实施

完成下面操作步骤的排序，将正确的序号填写在表 10-2 和表 10-3 中。

表 10-2 机油泵更换操作步骤

项目	步骤	工作内容
安全防护和准备工作		铺设三件套
		打开发动机舱盖，铺设翼子板布
		检查举升臂摆放位置是否正确
拆卸油底壳		举升车辆至合适高度，并在发动机下方放置机油回收车
		使用 8 mm 内六角扳手拆卸油底壳放油螺栓，释放机油
		机油释放完毕，安装放油螺栓，并使用扭力扳手紧固至 30 N · m，使用抹布擦拭干净，将机油回收车复位
		使用 10 mm 梅花扳手拆卸变速器防尘挡板固定螺栓，取下防尘挡板
		使用 10 mm 套管拆卸油底壳固定螺栓，取下油底壳及密封垫
拆卸机油泵		使用 T50 扳手和专用工具拆卸机油泵驱动齿轮固定螺栓，取下驱动齿轮
		使用 10 mm 套管拆卸防溅挡板固定螺栓，取下防溅挡板
		使用 10 mm 套管拆卸机油泵固定螺栓，取下机油泵
安装机油泵		安装机油泵驱动齿轮及链条（注意齿轮只有一个安装位置），并安装紧固固定螺栓至 25 N · m
		使用抹布清洁机油泵与缸体的结合面
		安装防溅挡板（注意定位），紧固固定螺栓至 16 N · m
		将机油泵安装回原位置（注意定位销位置），并安装紧固固定螺栓至 16 N · m
安装油底壳		将油底壳与密封垫一同安装在缸体上，并安装固定螺栓
		按照由中间至两边、沿对角线的顺序紧固固定螺栓至 10 N · m
		使用抹布清洁油底壳与缸体的结合面
		安装变速器防尘挡板，并紧固固定螺栓

表 10-3　机油泵测试及检查操作步骤

项目	步骤	工作内容
添加及检查机油液位		启动发动机，检查仪表上机油指示灯是否熄灭
		关闭发动机，检查机油尺上的机油刻度，若机油欠缺则补充机油
		降下车辆，旋开机油盖，加入约 4.5 L 机油，并插入尾气排放装置
测试机油压力		将机油压力表连接在传感器安装孔上，并使用 11 mm 呆扳手紧固
		测试完毕，拆卸机油压力表；安装机油压力传感器，并使用 24 mm 套管紧固至 25 N · m，并连接插接器
		启动发动机，通过机油压力表查看机油是否存在泄漏，若存在泄漏则关闭发动机重新安装；若无泄漏则待发动机达到正常工作温度（约 80 ℃）时，开始检测。怠速时机油压力应不低于 130 kPa，发动机转速在 2 000 r/min 时机油压力应不低于 200 kPa，若压力不正常则检查机油泵是否出现故障
		断开机油压力传感器插接器，在传感器下方放置抹布，使用 24 mm 套管拆卸机油压力传感器
检查		检查机油压力传感器安装位置是否漏油
		进行路试后，检查油底壳是否漏油
		启动发动机，检查仪表上机油指示灯是否熄灭
整理现场		撤去三件套、翼子板布
		整理工具及现场卫生

五、检查

（一）自检

结合本组任务操作，对任务执行过程的操作规范性进行检查，检查操作过程中是否存在以下问题，分析讨论应如何避免这些问题并总结规范的操作方法（见表 10–4）。

表 10-4　自检

检查项目	结果
车辆停放位置是否合适，是否将变速器置于空挡并拉紧驻车制动器	是 □　否 □
是否使用三件套对车辆进行防护	是 □　否 □
是否正确释放机油并释放完毕	是 □　否 □
是否正确使用工具、设备	是 □　否 □
是否正确更换机油泵	是 □　否 □
各螺栓是否按照维修手册规定力矩拧紧	是 □　否 □
机油压力是否正常	是 □　否 □
机油液位是否正常	是 □　否 □
仪表上机油指示灯是否熄灭	是 □　否 □
机油压力传感器安装位置是否漏油	是 □　否 □

续表

检查项目	结果
油底壳是否漏油	是 □ 否 □
工作场地是否清洁，车辆是否复位	是 □ 否 □

（二）互检

组与组之间相互进行任务操作过程及结果检查，并将检查结果填写在表 10-5 中。

表 10-5 互检

检查项目	结果
车辆停放位置是否合适，是否将变速器置于空挡并拉紧驻车制动器	是 □ 否 □
是否使用三件套对车辆进行防护	是 □ 否 □
是否正确释放机油并释放完毕	是 □ 否 □
是否正确使用工具、设备	是 □ 否 □
是否正确更换机油泵	是 □ 否 □
各螺栓是否按照维修手册规定力矩拧紧	是 □ 否 □
机油压力是否正常	是 □ 否 □
机油液位是否正常	是 □ 否 □
仪表上机油指示灯是否熄灭	是 □ 否 □
机油压力传感器安装位置是否漏油	是 □ 否 □
油底壳是否漏油	是 □ 否 □
工作场地是否清洁，车辆是否复位	是 □ 否 □

六、课堂小结

任务十一　汽油箱总成拆装

汽油箱总成拆装任务工单					
客户信息	姓名		电话		
车辆信息	车型		VIN 码		行驶里程

客户描述

散热器面罩、前保险杠及前照灯	□	散热器	□	喇叭	□
发动机舱盖	□	后视镜	□	后保险杠	□
前车门	□	前门玻璃	□	后车门	□
后门玻璃	□	全车座椅、前部安全带、地胶	□	全车锁	□
前部座椅	□	蓄电池及玻璃清洗系统	□	刮水器电动机	□
进气歧管、喷油器	□	翼子板及内衬	□	正时传动带	□
行李舱盖、尾灯、备胎	□	工作台、暖风水箱	□	发动机舱盖锁	□
离合器拉线	□	后部安全带	□	发动机及变速器支架	□
制动总泵	□	发电机、传动带	□	起动机	□

其他：

车辆外观检查	车辆内部检查
凹凸 □	污渍 □
划痕 □	破损 □
石击 □	色斑 □
油漆 □	变形 □

明确具体工作任务

任务目标

- 能够独立规范地对汽油箱总成进行拆装
- 能够举一反三，对不同品牌车辆的附件进行拆装
- 能够解答客户提出的疑问

续表

	● 工具、设备准备 ● 汽油箱总成拆装具体操作步骤
	● 汽油箱总成拆装具体操作方法 ● 工具、设备准备
	● 汽油箱总成拆装具体操作方法

一、任务准备

在下列图片中勾选出完成本任务所需的工具、设备、资料等。

	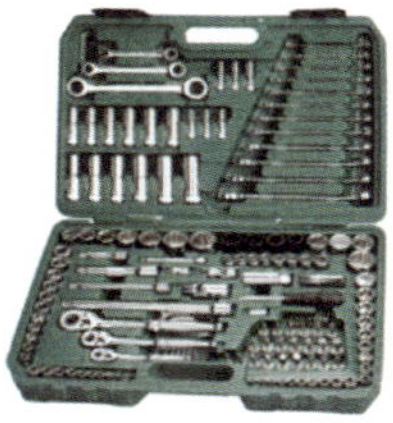		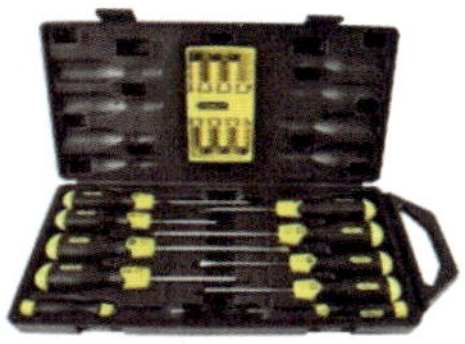
翼子板布	工具套件	三件套	旋具套装

抹布	工具车	接油盘	托盘千斤顶
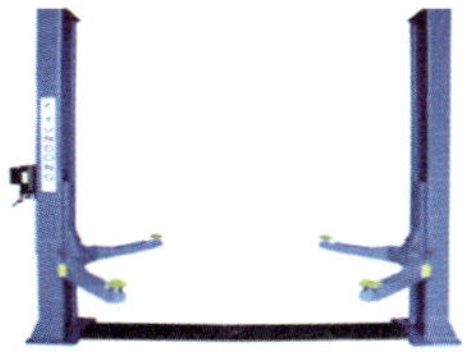	 维修手册		
举升机	维修手册	灭火器	实训车辆

二、防护措施

（一）个人安全防护

➢ 维修人员必须穿工作服、戴工作帽、穿工作鞋，工作服纽扣、拉链及皮带扣应藏于衣服内侧，袖口、领口、裤脚扣紧，佩戴手套，女生的长发要盘起塞在工作帽内。

➢ 维修人员在进入车间前应摘掉手表、戒指、项链、耳环等金属首饰。

➢ 维修人员在进行车辆维修操作时，应防止车轮压伤脚部、车门夹伤手部、热的发动机烫伤手部或发动机传动带绞伤手部等。

➢ 在搬运重物及尖锐器物时应注意动作姿势，防止扭伤腰部、砸伤脚部或划伤手部等。

（二）车辆、台架等设备安全防护

➢ 车辆进入车间内，应停放至指定地点，关闭发动机，将变速器置于空挡并拉紧驻车制动器，将台架的滑轮锁死或用木块将其固定。

➢ 维修操作前，应铺设三件套及翼子板布，发动机启动前应确保其他实训人员远离车辆，并连接尾排。

➢ 操作电气设备应注意用电安全，作业结束之后，应及时切断一切用电设备的电源。

➢ 操作前应熟读维修手册中的操作标准和台架、仪器、设备使用标准，并做好日常维护工作。

（三）车间场地安全防护

➢ 车间应配有干粉灭火器及相应消防措施，易燃油品应存放在密封的金属罐中。

➢ 应时刻注意车间内的工具、配件、设备、车辆等是否摆放整齐。

➢ 车间内设备、车辆周围的人行道和工作区域必须保证足够的安全空间。

➢ 操作过程中应做到工具、配件、油污三不落地，作业完毕应及时清理车间工作场地，做到现场5S管理。

三、任务分配（见表 11-1）

表 11-1　任务分配表

职务	代码	姓名	工作内容
组长	A		监督、管理组员工作
组员	B		准备实训所需工具、设备及手册
	C		
	D		准备实训所需车辆及配件
	E		

四、任务实施

完成下面操作步骤的排序，将正确的序号填写在表 11-2 中。

表 11-2 汽油箱总成拆装操作步骤

项目	步骤	工作内容
安全防护和准备工作		铺设三件套
		在车旁放置灭火器
		检查举升臂摆放位置是否正确
泄放油压		拆卸 S37 号汽油泵熔丝
		启动发动机，等待发动机自行熄灭，泄放燃油系统压力
拆卸汽油箱总成		举升车辆至合适高度，并使用托盘千斤顶顶住汽油箱底部
		拆卸固定汽油箱的 3 颗螺栓
		打开行李舱盖，并拆卸行李舱底部饰板；拆卸汽油泵护盖，断开汽油泵插接器、油管及碳罐导管
		拆卸加油口金属挡圈，将加油口退出，释放托盘千斤顶，缓慢降下油箱
		拆卸加油口位置固定螺栓
安装汽油箱总成		举升汽油箱将其安装回原位置，安装加油口挡圈
		安装碳罐导管、汽油泵油管及插接器，安装汽油泵护盖
		安装加油口处固定螺栓
		安装汽油箱固定螺栓，并紧固至 25 N · m
		安装行李舱底部饰板并关闭行李舱盖
检查与整理现场		举升车辆，检查车辆底部汽油箱是否存在泄漏
		撤去灭火器
		安装 S37 号熔丝，启动发动机，检查发动机是否正常启动
		撤去三件套

五、检查

（一）自检

结合本组任务操作，对任务执行过程的操作规范性进行检查，检查操作过程中是否存在以下问题，分析讨论应如何避免这些问题并总结规范的操作方法（见表 11-3）。

表 11-3 自检

检查项目	结果
车辆停放位置是否合适，是否将变速器置于空挡并拉紧驻车制动器	是 □ 否 □
是否使用三件套对车辆进行防护	是 □ 否 □
是否泄放燃油系统压力	是 □ 否 □
是否正确使用工具、设备	是 □ 否 □
是否正确拆卸汽油箱总成	是 □ 否 □
汽油箱总成是否正确安装到位	是 □ 否 □

续表

检查项目	结果
螺栓是否按照维修手册规定力矩拧紧	是 □ 否 □
发动机是否可以正常启动	是 □ 否 □
车辆底部汽油箱是否存在泄漏	是 □ 否 □
工作场地是否清洁，车辆是否复位	是 □ 否 □

（二）互检

组与组之间相互进行任务操作过程及结果检查，并将检查结果填写在表 11–4 中。

表 11–4　互检

检查项目	结果
车辆停放位置是否合适，是否将变速器置于空挡并拉紧驻车制动器	是 □ 否 □
是否使用三件套对车辆进行防护	是 □ 否 □
是否泄放燃油系统压力	是 □ 否 □
是否正确使用工具、设备	是 □ 否 □
是否正确拆卸汽油箱总成	是 □ 否 □
汽油箱总成是否正确安装到位	是 □ 否 □
螺栓是否按照维修手册规定力矩拧紧	是 □ 否 □
发动机是否可以正常启动	是 □ 否 □
车辆底部汽油箱是否存在泄漏	是 □ 否 □
工作场地是否清洁，车辆是否复位	是 □ 否 □

六、课堂小结

情境三

底盘部件拆装

任务十二　离合器拉线、制动总泵拆装

<table>
<tr><td colspan="7">离合器拉线、制动总泵拆装任务工单</td></tr>
<tr><td>客户信息</td><td>姓名</td><td colspan="2"></td><td>电话</td><td colspan="2"></td></tr>
<tr><td rowspan="2">车辆信息</td><td colspan="2">车型</td><td colspan="2">VIN 码</td><td colspan="2">行驶里程</td></tr>
<tr><td colspan="2"></td><td colspan="2"></td><td colspan="2"></td></tr>
<tr><td rowspan="10">客户描述</td><td>散热器面罩、前保险杠及前照灯 □</td><td colspan="3">散热器 □</td><td colspan="2">喇叭 □</td></tr>
<tr><td>发动机舱盖 □</td><td colspan="3">后视镜 □</td><td colspan="2">后保险杠 □</td></tr>
<tr><td>前车门 □</td><td colspan="3">前门玻璃 □</td><td colspan="2">后车门 □</td></tr>
<tr><td>后门玻璃 □</td><td colspan="3">全车座椅、前部安全带、地胶 □</td><td colspan="2">全车锁 □</td></tr>
<tr><td>前部座椅 □</td><td colspan="3">蓄电池及玻璃清洗系统 □</td><td colspan="2">刮水器电动机 □</td></tr>
<tr><td>进气歧管、喷油器 □</td><td colspan="3">翼子板及内衬 □</td><td colspan="2">正时传动带 □</td></tr>
<tr><td>行李舱盖、尾灯、备胎 □</td><td colspan="3">工作台、暖风水箱 □</td><td colspan="2">发动机舱盖锁 □</td></tr>
<tr><td>离合器拉线 □</td><td colspan="3">后部安全带 □</td><td colspan="2">发动机及变速器支架 □</td></tr>
<tr><td>制动总泵 □</td><td colspan="3">发电机、传动带 □</td><td colspan="2">起动机 □</td></tr>
<tr><td colspan="6">其他：</td></tr>
<tr><td colspan="3">车辆外观检查</td><td colspan="4">车辆内部检查</td></tr>
<tr><td>凹凸 □</td><td colspan="2" rowspan="4"></td><td>污渍 □</td><td colspan="3" rowspan="4"></td></tr>
<tr><td>划痕 □</td><td>破损 □</td></tr>
<tr><td>石击 □</td><td>色斑 □</td></tr>
<tr><td>油漆 □</td><td>变形 □</td></tr>
<tr><td>明确具体工作任务</td><td colspan="6"></td></tr>
<tr><td>任务目标</td><td colspan="6">● 能够独立规范地对离合器拉线、制动总泵进行拆装
● 能够举一反三，对不同品牌车辆的附件进行拆装
● 能够解答客户提出的疑问</td></tr>
</table>

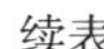
续表

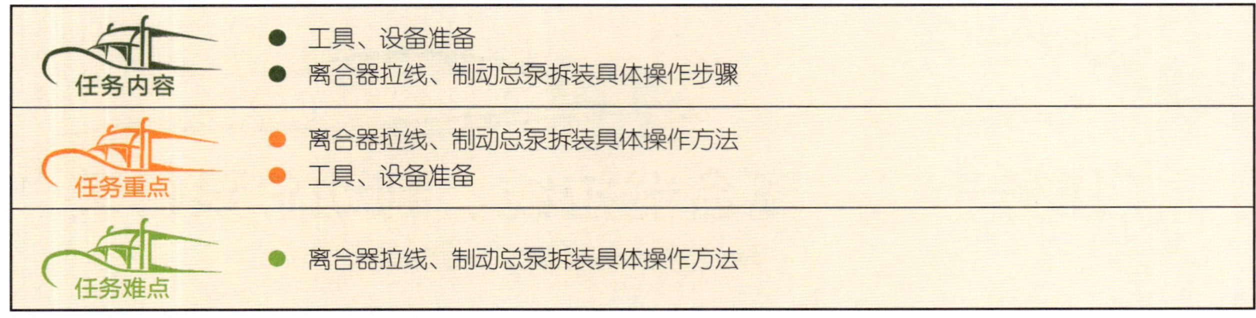

任务内容	● 工具、设备准备 ● 离合器拉线、制动总泵拆装具体操作步骤
任务重点	● 离合器拉线、制动总泵拆装具体操作方法 ● 工具、设备准备
任务难点	● 离合器拉线、制动总泵拆装具体操作方法

一、任务准备

在下列图片中勾选出完成本任务所需的工具、设备、资料等。

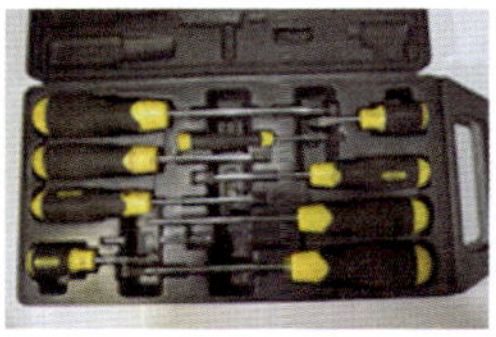 旋具套装	 三件套	 翼子板布	吹尘枪
 抹布	 工具车	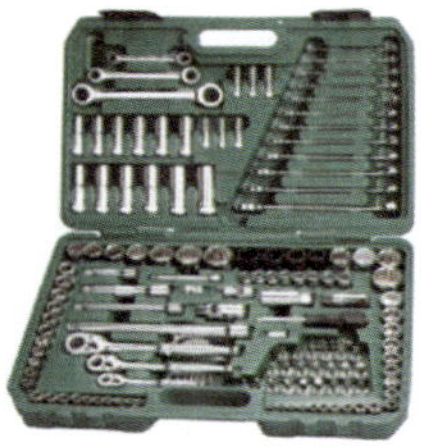 工具套件	 钢丝钳

 抽油壶	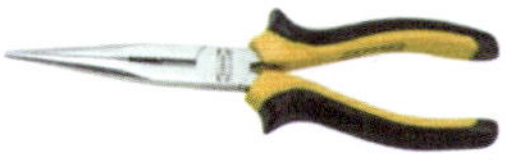 尖嘴钳	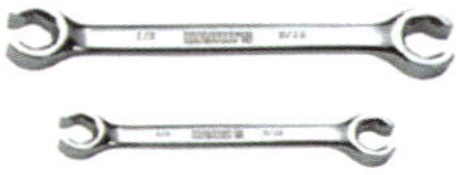 油管扳手
 维修手册	 实训车辆	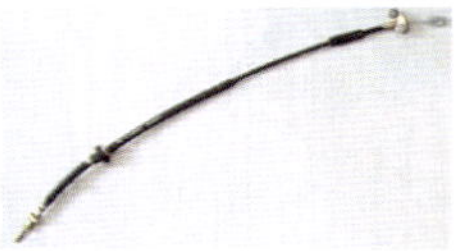 离合器拉线

二、防护措施

（一）个人安全防护

➢ 维修人员必须穿工作服、戴工作帽、穿工作鞋，工作服纽扣、拉链及皮带扣应藏于衣服内侧，袖口、领口、裤脚扣紧，佩戴手套，女生的长发要盘起塞在工作帽内。

➢ 维修人员在进入车间前应摘掉手表、戒指、项链、耳环等金属首饰。

➢ 维修人员在进行车辆维修操作时，应防止车轮压伤脚部、车门夹伤手部、热的发动机烫伤手部或发动机传动带绞伤手部等。

➢ 在搬运重物及尖锐器物时应注意动作姿势，防止扭伤腰部、砸伤脚部或划伤手部等。

（二）车辆、台架等设备安全防护

➢ 车辆进入车间内，应停放至指定地点，关闭发动机，将变速器置于空挡并拉紧驻车制动器，将台架的滑轮锁死或用木块将其固定。

➢ 维修操作前，应铺设三件套及翼子板布，发动机启动前应确保其他实训人员远离车辆，并连接尾排。

➢ 操作电气设备应注意用电安全，作业结束之后，应及时切断一切用电设备的电源。

➢ 操作前应熟读维修手册中的操作标准和台架、仪器、设备使用标准，并做好日常维护工作。

（三）车间场地安全防护

➢ 车间应配有干粉灭火器及相应消防措施，易燃油品应存放在密封的金属罐中。

➢ 应时刻注意车间内的工具、配件、设备、车辆等是否摆放整齐。

➢ 车间内设备、车辆周围的人行道和工作区域必须保证足够的安全空间。

➢ 操作过程中应做到工具、配件、油污三不落地，作业完毕应及时清理车间工作场地，做到现场5S 管理。

三、任务分配（见表 12-1）

表 12-1 任务分配表

<table>
<tr><th>职务</th><th>代码</th><th>姓名</th><th>工作内容</th></tr>
<tr><td>组长</td><td>A</td><td></td><td>监督、管理组员工作</td></tr>
<tr><td rowspan="4">组员</td><td>B</td><td></td><td rowspan="2">准备检验所需车辆及配件</td></tr>
<tr><td>C</td><td></td></tr>
<tr><td>D</td><td></td><td rowspan="2">准备检验所需工具、设备及手册</td></tr>
<tr><td>E</td><td></td></tr>
</table>

四、任务实施

完成下面操作步骤的排序，将正确的序号填写在表 12-2 中。

表 12-2　离合器拉线、制动总泵拆装操作步骤

项目	步骤	工作内容
安全防护及准备工作		铺设三件套
		打开发动机舱盖，铺设翼子板布
拆卸离合器拉线		取下离合器摇臂上的拉线锁止卡子，从变速器壳体上取下拉线
		从前围挡板外侧将离合器拉线取下
		将拉线从离合器踏板上取下
		将离合器拉线上的塑料卡子向下压，扣住拉线两侧的爪钩，使拉线松脱
安装离合器拉线		将离合器拉线安装在前围挡板外侧的固定位置，另一侧固定在变速器壳体上
		将拉线挂在离合器踏板上
		将拉线与离合器摇臂结合，安装锁止卡子
		释放离合器拉线上的塑料卡子，使拉线复位
		踩下离合器踏板，并挂入各挡位，检查离合器工作是否正常
拆卸制动总泵		打开制动液壶盖，用尖嘴钳将制动液滤网取出，使用抽油壶将制动液壶内的制动液吸出
		拆卸发动机护罩
		断开真空助力泵真空管
		拆卸制动总泵至 ABS 泵之间的油管
		拆卸真空助力泵护罩固定螺栓并取下护罩；拆卸制动总泵固定螺栓，取下制动总泵
安装制动总泵		安装制动总泵至 ABS 泵之间的油管并紧固
		将制动液滤网放入油杯中，加注制动液至上限位置
		安装真空助力泵真空管
		将制动总泵装回原位置，并紧固固定螺栓至 20 N · m；安装真空助力泵护罩，并紧固螺栓至 20 N · m
制动系统排气		一人进入车辆操作，一人在车外操作，举升车辆至合适高度，并挂上保险
		在执行制动分泵排气时，始终保持液面在油壶上限位置，避免空气二次进入制动系统
		按照上述步骤，依次完成左后、右前、左前车轮的排气工作
		重复上述步骤，直至观察到有新的制动液流出，并且无气泡产生。取下放气螺栓上的油管及扳手，并装上防尘帽，此轮排气结束
		取下右后轮制动分泵放气螺塞上的防尘帽，并将 7 mm 梅花扳手装在放气螺栓上，然后将制动液专用壶的透明胶管接到制动分泵的放气螺栓上
		车内人员重复踩下制动踏板几次后踩住不动，此时车外人员使用梅花扳手松开放气螺栓，将制动液排放到油壶中，然后锁紧放气螺栓
检查及整理现场		撤去翼子板布并关闭发动机舱盖
		检查各分泵放气螺栓是否存在泄漏
		检查 ABS 泵油管是否存在泄漏
		撤去三件套，整理工具及现场卫生

五、检查

（一）自检

结合本组任务操作，对任务执行过程的操作规范性进行检查，检查操作过程中是否存在以下问题，分析讨论应如何避免这些问题并总结规范的操作方法（见表 12–3）。

表 12–3 自检

检查项目	结果
车辆停放位置是否合适，是否将变速器置于空挡并拉紧驻车制动器	是 □ 否 □
是否使用三件套对车辆进行防护	是 □ 否 □
是否损坏离合器拉线	是 □ 否 □
是否正确使用工具、设备	是 □ 否 □
是否存在安全隐患	是 □ 否 □
拆卸部件是否正确安装到位	是 □ 否 □
螺栓是否按照维修手册规定力矩拧紧	是 □ 否 □
离合器工作是否正常	是 □ 否 □
制动系统是否排气	是 □ 否 □
工作场地是否清洁，车辆是否复位	是 □ 否 □

（二）互检

组与组之间相互进行任务操作过程及结果检查，并将检查结果填写在表 12–4 中。

表 12–4 互检

检查项目	结果
车辆停放位置是否合适，是否将变速器置于空挡并拉紧驻车制动器	是 □ 否 □
是否使用三件套对车辆进行防护	是 □ 否 □
是否损坏离合器拉线	是 □ 否 □
是否正确使用工具、设备	是 □ 否 □
是否存在安全隐患	是 □ 否 □
拆卸部件是否正确安装到位	是 □ 否 □
螺栓是否按照维修手册规定力矩拧紧	是 □ 否 □
离合器工作是否正常	是 □ 否 □
制动系统是否排气	是 □ 否 □
工作场地是否清洁，车辆是否复位	是 □ 否 □

六、课堂小结

任务十三　变速器总成拆装

<table>
<tr><th colspan="7">变速器总成拆装任务工单</th></tr>
<tr><td>客户信息</td><td>姓名</td><td colspan="2"></td><td>电话</td><td colspan="2"></td></tr>
<tr><td rowspan="2">车辆信息</td><td colspan="2">车型</td><td colspan="2">VIN 码</td><td colspan="2">行驶里程</td></tr>
<tr><td colspan="2"></td><td colspan="2"></td><td colspan="2"></td></tr>
<tr><td>客户描述</td><td colspan="6">散热器面罩、前保险杠及前照灯 □　散热器 □　喇叭 □
发动机舱盖 □　后视镜 □　后保险杠 □
前车门 □　前门玻璃 □　后车门 □
后门玻璃 □　全车座椅、前部安全带、地胶 □　全车锁 □
前部座椅 □　蓄电池及玻璃清洗系统 □　刮水器电动机 □
进气歧管、喷油器 □　翼子板及内衬 □　正时传动带 □
行李舱盖、尾灯、备胎 □　工作台、暖风水箱 □　发动机舱盖锁 □
离合器拉线 □　后部安全带 □　发动机及变速器支架 □
制动总泵 □　发电机、传动带 □　起动机 □
其他：</td></tr>
<tr><th colspan="3">车辆外观检查</th><th colspan="4">车辆内部检查</th></tr>
<tr><td>凹凸 □</td><td colspan="2" rowspan="4"></td><td>污渍 □</td><td colspan="3" rowspan="4"></td></tr>
<tr><td>划痕 □</td><td>破损 □</td></tr>
<tr><td>石击 □</td><td>色斑 □</td></tr>
<tr><td>油漆 □</td><td>变形 □</td></tr>
<tr><td>明确具体工作任务</td><td colspan="6"></td></tr>
</table>

任务目标

- 能够独立规范地对变速器总成进行拆装
- 能够举一反三，对不同品牌车辆的附件进行拆装
- 能够解答客户提出的疑问

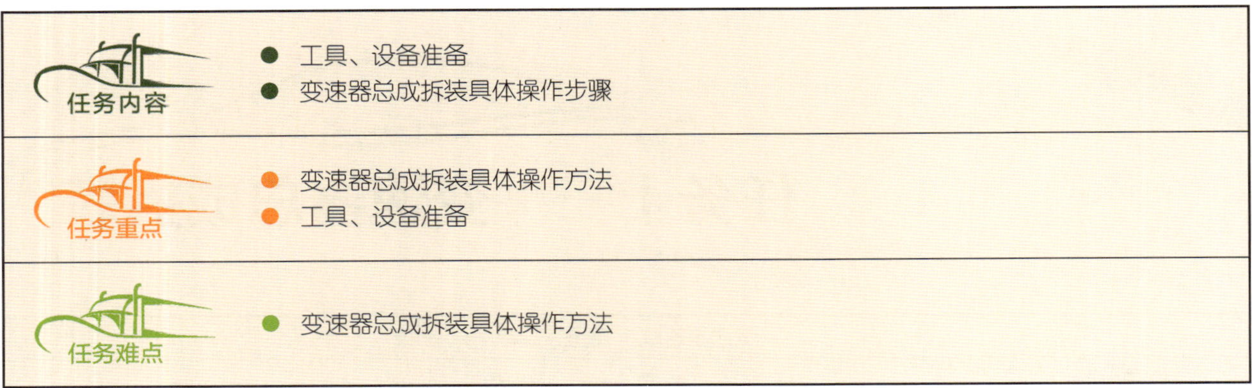

任务内容	● 工具、设备准备 ● 变速器总成拆装具体操作步骤
任务重点	● 变速器总成拆装具体操作方法 ● 工具、设备准备
任务难点	● 变速器总成拆装具体操作方法

一、任务准备

在下列图片中勾选出完成本任务所需的工具、设备、资料等。

扭力扳手	旋具套装	翼子板布	吹尘枪
抹布	工具车	工具套件	轮胎架
卡簧钳	发动机吊架	托盘千斤顶	接油盘

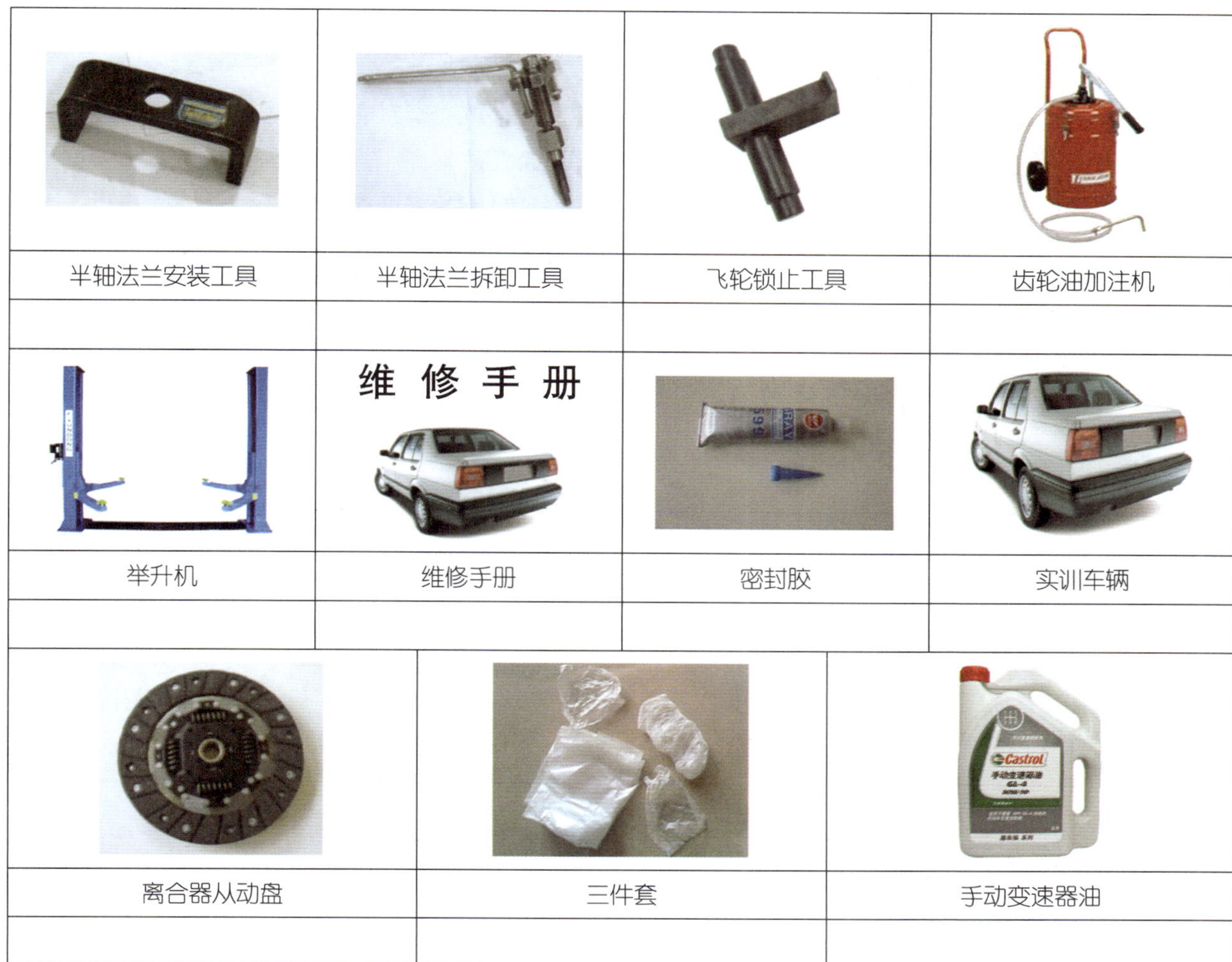

半轴法兰安装工具	半轴法兰拆卸工具	飞轮锁止工具	齿轮油加注机
举升机	维修手册	密封胶	实训车辆

离合器从动盘	三件套	手动变速器油

二、防护措施

（一）个人安全防护

➢ 维修人员必须穿工作服、戴工作帽、穿工作鞋，工作服纽扣、拉链及皮带扣应藏于衣服内侧，袖口、领口、裤脚扣紧，佩戴手套，女生的长发要盘起塞在工作帽内。

➢ 维修人员在进入车间前应摘掉手表、戒指、项链、耳环等金属首饰。

➢ 维修人员在进行车辆维修操作时，应防止车轮压伤脚部、车门夹伤手部、热的发动机烫伤手部或发动机传动带绞伤手部等。

➢ 在搬运重物及尖锐器物时应注意动作姿势，防止扭伤腰部、砸伤脚部或划伤手部等。

（二）车辆、台架等设备安全防护

➢ 车辆进入车间内，应停放至指定地点，关闭发动机，将变速器置于空挡并拉紧驻车制动器，将台架的滑轮锁死或用木块将其固定。

➢ 维修操作前，应铺设三件套及翼子板布，发动机启动前应确保其他实训人员远离车辆，并连接尾排。

➢ 操作电气设备应注意用电安全，作业结束之后，应及时切断一切用电设备的电源。

➢ 操作前应熟读维修手册中的操作标准和台架、仪器、设备使用标准，并做好日常维护工作。

（三）车间场地安全防护

➢ 车间应配有干粉灭火器及相应消防措施，易燃油品应存放在密封的金属罐中。

➢ 应时刻注意车间内的工具、配件、设备、车辆等是否摆放整齐。

➢ 车间内设备、车辆周围的人行道和工作区域必须保证足够的安全空间。

➢ 操作过程中应做到工具、配件、油污三不落地，作业完毕应及时清理车间工作场地，做到现场5S 管理。

三、任务分配（见表 13-1）

表 13-1　任务分配表

职务	代码	姓名	工作内容
组长	A		监督、管理组员工作
组员	B		准备实训所需车辆及配件
	C		
	D		准备实训所需工具、设备及手册
	E		

四、任务实施

完成下面操作步骤的排序，将正确的序号填写在表 13-2、表 13-3 和表 13-4 中。

表 13-2　变速器总成拆卸操作步骤

项目	步骤	工作内容
安全防护和准备工作		检查举升臂摆放位置是否正确
		打开发动机舱盖，铺设翼子板布
		铺设三件套
拆卸变速器上部附件		使用十字旋具拆卸发动机护罩固定螺钉，并取下护罩
		使用 10 mm 套管拆卸蓄电池负极卡箍，使用 13 mm 套管拆卸变速箱上的负极线束
		拆卸变速器上的倒挡开关插接器，并取出通风管
		拆卸外部换挡机构的横拉杆、短选挡拉杆和长选挡拉杆
		使用 18 mm 和 19 mm 套管拆卸变速器与发动机连接的上部固定螺栓
		向上推起变速器上的离合器操纵杆，取下离合器拉线锁片，取出拉线
拆卸变速器下部附件及变速器		安装发动机吊架，举升车辆并拆卸起动机
		使用 13 mm 和 17 mm 套管拆卸变速器支架固定螺栓，取下支架，并使用托盘千斤顶托住变速器
		将轮胎架推至指定位置，拆卸轮胎护罩，使用轮胎扳手拆卸固定螺栓，并放置在轮胎架上

续表

项目	步骤	工作内容
拆卸变速器下部附件及变速器		拆卸变速器放油螺栓，释放变速器油，并拆卸两侧半轴法兰
		使用 19 mm 套管拆卸变速器与发动机间的固定螺栓，扶稳变速器，使用一字旋具插入变速器与发动机间的缝隙，撬动变速器，使之与发动机分离，降下托盘千斤顶，慢慢取下变速器
		拆卸半轴隔热板，使用 M8 扳手拆卸半轴法兰固定螺栓，分离并悬吊半轴，拆卸防尘挡板

表 13-3　变速器总成安装操作步骤

项目	步骤	工作内容
安装变速器及下部附件		安装变速器后部支架，并紧固螺栓至 35 N · m
		安装半轴法兰，并安装连接半轴，紧固螺栓至 45 N · m；安装半轴隔热板及变速器防尘挡板
		降下车辆，拆卸发动机吊架，并安装紧固变速器后部支架固定螺栓至 60 N · m
		安装轮胎，紧固螺栓至 110 N · m，并安装轮胎护罩
		将变速器放置在托盘千斤顶上，举升千斤顶，使变速器的定位孔对准发动机上的定位销，推动变速器，使其与发动机接合，确保两个定位销全部接合上，并装入固定螺栓紧固至 75 N · m
		安装起动机，撤去千斤顶
安装变速器上部附件		安装外部换挡机构的长选挡拉杆、短选挡拉杆和横拉杆
		安装变速箱上的负极线束，紧固至 15 N · m，安装蓄电池负极卡箍
		安装发动机护罩
		安装变速器与发动机连接的上部固定螺栓，并紧固至 75 N · m
		安装变速器上的倒挡开关插接器及通风管
		安装离合器拉线，将拉线插入安装孔，向上推动操作杆，插入锁片，锁止拉线

表 13-4　测试及整理操作步骤

项目	步骤	工作内容
测试		坐进车内，踩下离合器踏板，扳动换挡手柄，按顺序挂入各挡位，检查操纵是否顺畅
		加入变速器油
		启动发动机，再次踩下离合器踏板，按顺序挂入各挡位，检查操纵是否顺畅
整理现场		撤去三件套
		整理工具及现场卫生

五、检查

（一）自检

结合本组任务操作，对任务执行过程的操作规范性进行检查，检查操作过程中是否存在以下问题，分析讨论应如何避免这些问题并总结规范的操作方法（见表 13-5）。

表 13-5　自检

检查项目	结果
车辆停放位置是否合适，是否将变速器置于空挡并拉紧驻车制动器	是 □　否 □
是否使用三件套对车辆进行防护	是 □　否 □
是否泄放变速器油	是 □　否 □
是否正确拆装离合器	是 □　否 □
是否正确使用工具、设备	是 □　否 □
是否存在安全隐患	是 □　否 □
各螺栓是否按照维修手册规定力矩拧紧	是 □　否 □
是否加注变速器油	是 □　否 □
变速器换挡操纵是否顺畅	是 □　否 □
工作场地是否清洁，车辆是否复位	是 □　否 □

（二）互检

组与组之间相互进行任务操作过程及结果检查，并将检查结果填写在表 13-6 中。

表 13-6　互检

检查项目	结果
车辆停放位置是否合适，是否将变速器置于空挡并拉紧驻车制动器	是 □　否 □
是否使用三件套对车辆进行防护	是 □　否 □
是否泄放变速器油	是 □　否 □
是否正确拆装离合器	是 □　否 □
是否正确使用工具、设备	是 □　否 □
是否存在安全隐患	是 □　否 □
各螺栓是否按照维修手册规定力矩拧紧	是 □　否 □
是否加注变速器油	是 □　否 □
变速器换挡操纵是否顺畅	是 □　否 □
工作场地是否清洁，车辆是否复位	是 □　否 □

六、课堂小结

任务十四　离合器片更换

离合器片更换任务工单

客户信息	姓名		电话	

车辆信息	车型	VIN 码	行驶里程

客户描述

散热器面罩、前保险杠及前照灯	□	散热器	□	喇叭	□
发动机舱盖	□	后视镜	□	后保险杠	□
前车门	□	前门玻璃	□	后车门	□
后门玻璃	□	全车座椅、前部安全带、地胶	□	全车锁	□
前部座椅	□	蓄电池及玻璃清洗系统	□	刮水器电动机	□
进气歧管、喷油器	□	翼子板及内衬	□	正时传动带	□
行李舱盖、尾灯、备胎	□	工作台、暖风水箱	□	发动机舱盖锁	□
离合器拉线	□	后部安全带	□	发动机及变速器支架	□
制动总泵	□	发电机、传动带	□	起动机	□

其他：

车辆外观检查		车辆内部检查	
凹凸 □		污渍 □	
划痕 □		破损 □	
石击 □		色斑 □	
油漆 □		变形 □	

明确具体工作任务	

任务目标

- 能够独立规范地对离合器片进行更换
- 能够举一反三，对不同品牌车辆的附件进行拆装
- 能够解答客户提出的疑问

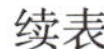
续表

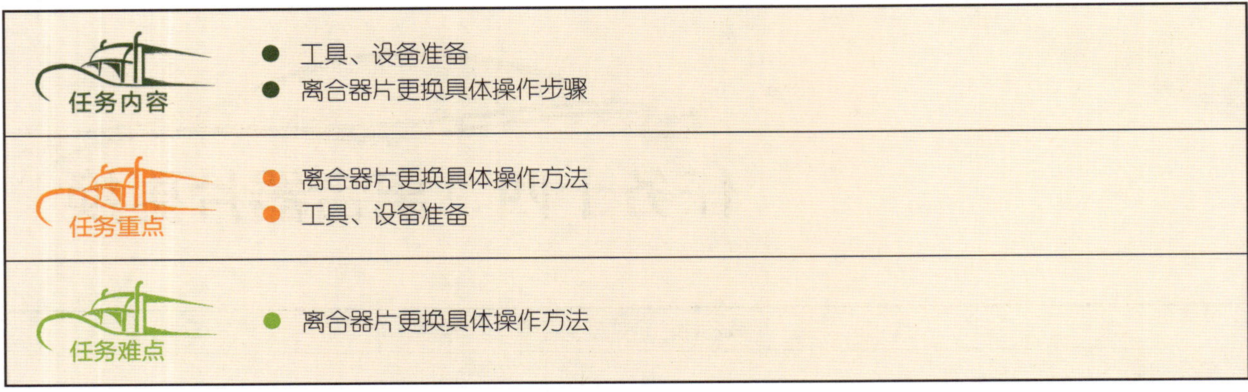

任务内容	● 工具、设备准备 ● 离合器片更换具体操作步骤
任务重点	● 离合器片更换具体操作方法 ● 工具、设备准备
任务难点	● 离合器片更换具体操作方法

一、任务准备

在下列图片中勾选出完成本任务所需的工具、设备、资料等。

扭力扳手	旋具套装	翼子板布	吹尘枪
抹布	工具车	工具套件	轮胎架
卡簧钳	发动机吊架	托盘千斤顶	接油盘

半轴法兰安装工具	半轴法兰拆卸工具	飞轮锁止工具	齿轮油加注机
举升机	维修手册	密封胶	实训车辆
离合器从动盘	三件套	手动变速器油	

二、防护措施

（一）个人安全防护

➢ 维修人员必须穿工作服、戴工作帽、穿工作鞋，工作服纽扣、拉链及皮带扣应藏于衣服内侧，袖口、领口、裤脚扣紧，佩戴手套，女生的长发要盘起塞在工作帽内。

➢ 维修人员在进入车间前应摘掉手表、戒指、项链、耳环等金属首饰。

➢ 维修人员在进行车辆维修操作时，应防止车轮压伤脚部、车门夹伤手部、热的发动机烫伤手部或发动机传动带绞伤手部等。

➢ 在搬运重物及尖锐器物时应注意动作姿势，防止扭伤腰部、砸伤脚部或划伤手部等。

（二）车辆、台架等设备安全防护

➢ 车辆进入车间内，应停放至指定地点，关闭发动机，将变速器置于空挡并拉紧驻车制动器，将台架的滑轮锁死或用木块将其固定。

➢ 维修操作前，应铺设三件套及翼子板布，发动机启动前应确保其他实训人员远离车辆，并连接尾排。

➢ 操作电气设备应注意用电安全，作业结束之后，应及时切断一切用电设备的电源。

➢ 操作前应熟读维修手册中的操作标准和台架、仪器、设备使用标准，并做好日常维护工作。

（三）车间场地安全防护

➢ 车间应配有干粉灭火器及相应消防措施，易燃油品应存放在密封的金属罐中。

➢ 应时刻注意车间内的工具、配件、设备、车辆等是否摆放整齐。

➢ 车间内设备、车辆周围的人行道和工作区域必须保证足够的安全空间。

➢ 操作过程中应做到工具、配件、油污三不落地，作业完毕应及时清理车间工作场地，做到现场5S管理。

三、任务分配（见表14-1）

表14-1　任务分配表

职务	代码	姓名	工作内容
组长	A		监督、管理组员工作
组员	B		准备实训所需车辆及配件
	C		
	D		准备实训所需工具、设备及手册
	E		

四、任务实施

完成下面操作步骤的排序，将正确的序号填写在表14-2和表14-3中。

表14-2　离合器片更换操作步骤

项目	步骤	工作内容
安全防护及准备工作		铺设三件套
		打开发动机舱盖，铺设翼子板布
拆卸离合器总成		使用9 mm梅花套筒旋松飞轮上9颗固定螺栓，取下专用工具；拆卸螺栓，取下飞轮及离合器摩擦片
		使用专用工具固定离合器压盘，使用16 mm套管旋松压盘与曲轴连接的螺栓，取下压盘专用工具；拆卸螺栓，取下压盘
		使用一字旋具撬下分离盘卡簧，取下分离盘
		在缸体上安装专用工具，卡住飞轮齿使飞轮固定
安装离合器总成		安装飞轮及摩擦片，注意飞轮内部的定位销应与压盘上的定位槽重合，并安装飞轮固定螺栓
		在压盘上安装分离盘，并用卡簧固定
		按对角线分2～3次旋紧飞轮螺栓，使用扭力扳手紧固至20 N·m，并取下专用工具
		将离合器摩擦片安装在飞轮内部，安装时注意摩擦片的方向

续表

项目	步骤	工作内容
安装离合器总成		按装配位置安装离合器压盘，并装入螺栓；装入专用工具并固定压盘，使用扭力扳手按对角线紧固压盘固定螺栓，第一次紧固至 30 N · m，第二次紧固 90°，并拆卸专用工具
		安装专用工具锁止飞轮；安装专用定位工具将离合器摩擦片定位，使其与飞轮同心
更换分离轴承		使用扭力扳手紧固螺栓至 25 N · m
		从端盖上取出分离轴承，并更换轴承
		使用 13 mm 套管拆卸变速器五挡齿轮端盖固定螺栓，取下端盖
		安装五挡齿轮端盖（必要时在接合面上涂抹密封胶）

表 14-3 测试及整理操作步骤

项目	步骤	工作内容
测试检查		坐进车内，踩下离合器踏板，扳动挂挡杆，按顺序挂入各挡位，检查操纵是否顺畅
		加入变速器油
		再次踩下离合器踏板，按顺序挂入各挡位，检查操纵是否顺畅
		启动发动机，测试发动机是否能够正常启动
		扳动喷水开关，检查刮水器喷水是否正常
整理现场		关闭发动机，撤去翼子板布、三件套，关闭发动机舱盖
		整理工具及现场卫生

五、检查

（一）自检

结合本组任务操作，对任务执行过程的操作规范性进行检查，检查操作过程中是否存在以下问题，分析讨论应如何避免这些问题并总结规范的操作方法（见表 14-4）。

表 14-4 自检

检查项目	结果
车辆停放位置是否合适，是否将变速器置于空挡并拉紧驻车制动器	是 □ 否 □
是否使用三件套对车辆进行防护	是 □ 否 □
是否泄放变速器油	是 □ 否 □
是否正确拆装离合器	是 □ 否 □
是否正确使用工具、设备	是 □ 否 □
是否存在安全隐患	是 □ 否 □
各螺栓是否按照维修手册规定力矩拧紧	是 □ 否 □

续表

检查项目	结果
是否加注变退器油	是☐ 否☐
变速器换挡操纵是否顺畅	是☐ 否☐
工作场地是否清洁，车辆是否复位	是☐ 否☐

（二）互检

组与组之间相互进行任务操作过程及结果检查，并将检查结果填写在表 14–5 中。

表 14–5 互检

检查项目	结果
车辆停放位置是否合适，是否将变速器置于空挡并拉紧驻车制动器	是☐ 否☐
是否使用三件套对车辆进行防护	是☐ 否☐
是否泄放变速器油	是☐ 否☐
是否正确拆装离合器	是☐ 否☐
是否正确使用工具、设备	是☐ 否☐
是否存在安全隐患	是☐ 否☐
各螺栓是否按照维修手册规定力矩拧紧	是☐ 否☐
是否加注变速器油	是☐ 否☐
变速器换挡操纵是否顺畅	是☐ 否☐
工作场地是否清洁，车辆是否复位	是☐ 否☐

六、课堂小结

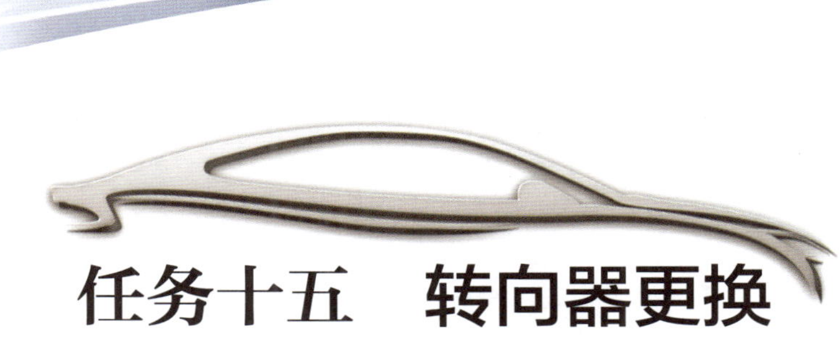

任务十五　转向器更换

转向器更换任务工单						
客户信息	姓名		电话			
车辆信息	车型		VIN 码		行驶里程	
客户描述	散热器面罩、前保险杠及前照灯	□	散热器	□	喇叭	□
	发动机舱盖	□	后视镜	□	后保险杠	□
	前车门	□	前门玻璃	□	后车门	□
	后门玻璃	□	全车座椅、前部安全带、地胶	□	全车锁	□
	前部座椅	□	蓄电池及玻璃清洗系统	□	刮水器电动机	□
	进气歧管、喷油器	□	翼子板及内衬	□	正时传动带	□
	行李舱盖、尾灯、备胎	□	工作台、暖风水箱	□	发动机舱盖锁	□
	离合器拉线	□	后部安全带	□	发动机及变速器支架	□
	制动总泵	□	发电机、传动带	□	起动机	□
	其他：					
车辆外观检查			车辆内部检查			
凹凸 □			污渍 □			
划痕 □			破损 □			
石击 □			色斑 □			
油漆 □			变形 □			
明确具体工作任务						

任务目标

- 能够独立规范地对转向器进行更换
- 能够举一反三，对不同品牌车辆的附件进行拆装
- 能够解答客户提出的疑问

续表

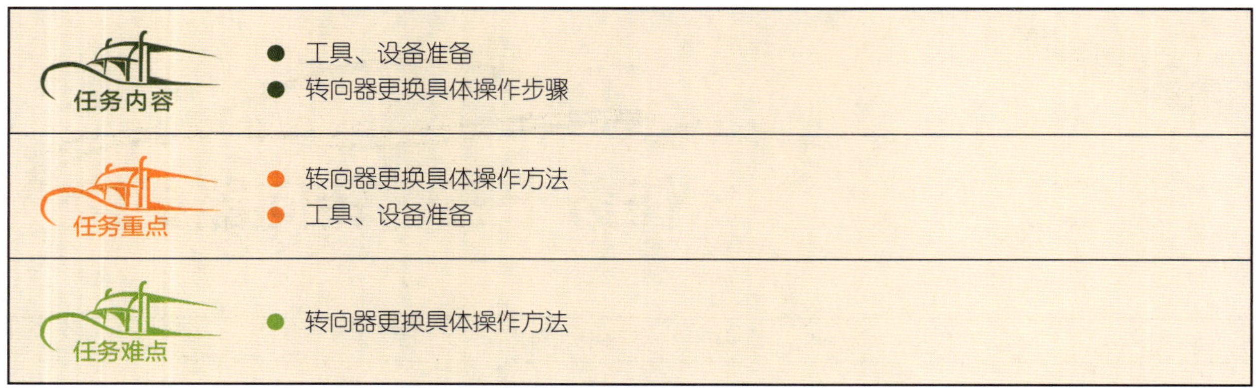

任务内容	● 工具、设备准备 ● 转向器更换具体操作步骤
任务重点	● 转向器更换具体操作方法 ● 工具、设备准备
任务难点	● 转向器更换具体操作方法

一、任务准备

在下列图片中勾选出完成本任务所需的工具、设备、资料等。

油液回收工具	抹布	工具套件	轮胎架
工具车	翼子板布	发动机吊架	卡簧钳
轮胎扳手	球头取出器	托盘千斤顶	旋具套装

 接油盘	 扭力扳手	 齿轮油加注机	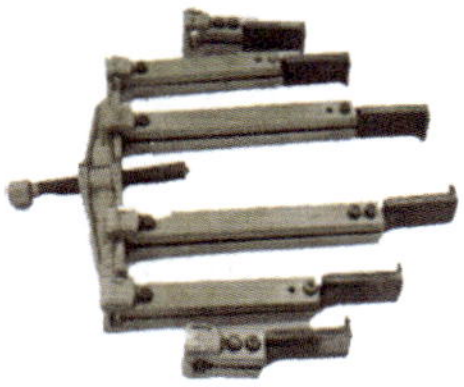 拉力器
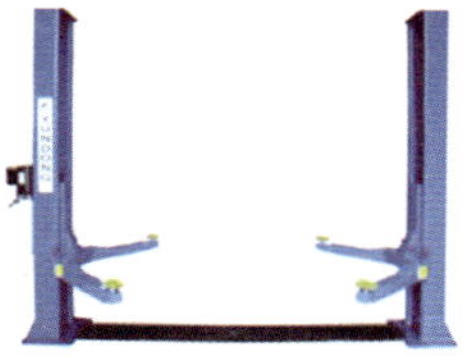 举升机	 维修手册	 转向助力油	 实训车辆

二、防护措施

（一）个人安全防护

➢ 维修人员必须穿工作服、戴工作帽、穿工作鞋，工作服纽扣、拉链及皮带扣应藏于衣服内侧，袖口、领口、裤脚扣紧，佩戴手套，女生的长发要盘起塞在工作帽内。

➢ 维修人员在进入车间前应摘掉手表、戒指、项链、耳环等金属首饰。

➢ 维修人员在进行车辆维修操作时，应防止车轮压伤脚部、车门夹伤手部、热的发动机烫伤手部或发动机传动带绞伤手部等。

➢ 在搬运重物及尖锐器物时应注意动作姿势，防止扭伤腰部、砸伤脚部或划伤手部等。

（二）车辆、台架等设备安全防护

➢ 车辆进入车间内，应停放至指定地点，关闭发动机，将变速器置于空挡并拉紧驻车制动器，将台架的滑轮锁死或用木块将其固定。

➢ 维修操作前，应铺设三件套及翼子板布，发动机启动前应确保其他实训人员远离车辆，并连接尾排。

➢ 操作电气设备应注意用电安全，作业结束之后，应及时切断一切用电设备的电源。

➢ 操作前应熟读维修手册中的操作标准和台架、仪器、设备使用标准，并做好日常维护工作。

（三）车间场地安全防护

➢ 车间应配有干粉灭火器及相应消防措施，易燃油品应存放在密封的金属罐中。

➢ 应时刻注意车间内的工具、配件、设备、车辆等是否摆放整齐。

➢ 车间内设备、车辆周围的人行道和工作区域必须保证足够的安全空间。

➢ 操作过程中应做到工具、配件、油污三不落地，作业完毕应及时清理车间工作场地，做到现场5S管理。

三、任务分配（见表15-1）

表15-1 任务分配表

职务	代码	姓名	工作内容
组长	A		监督、管理组员工作
组员	B		准备实训所需工具、设备及手册
	C		
	D		准备实训所需车辆及配件
	E		

四、任务实施

完成下面操作步骤的排序，将正确的序号填写在表15-2中。

表15-2 转向器更换操作步骤

项目	步骤	工作内容
安全防护和准备工作		打开发动机舱盖，铺设翼子板布
		铺设三件套
		检查举升臂摆放位置是否正确
抽取转向油及安装吊架		降下车辆，安装发动机吊架
		使用17 mm套管拆卸变速器后部支架固定螺栓
		将轮胎架推至指定位置，拆卸轮胎护罩，使用轮胎扳手拆卸轮胎固定螺栓，并将轮胎放置在轮胎架上
		打开转向助力储液壶盖，举升车辆，将机油回收车推至转向助力泵下方，使用卡簧钳拆卸助力泵卡子，将助力油释放干净；释放完毕后将油管和卡子装回
		取下钥匙使转向盘锁止
拆卸转向器		使用16 mm套管拆卸发动机后部支架固定螺栓；使用托盘千斤顶托住副车架，使用19 mm套管拆卸副车架固定螺栓，使副车架与车身分离
		使用13 mm套管拆卸挂挡支架固定螺栓；使用10 mm套管拆卸转向器盖板固定螺栓，取下盖板
		使用13 mm套管拆卸转向器与万向节连接的固定螺栓，使用一字旋具撬下万向节
		举升车辆至合适高度，使用19 mm套管拆卸转向横拉杆固定螺栓，并用专用工具顶出拉杆球头
		在转向器下方放置接油盘，使用18 mm呆扳手拆卸转向器上两条油管
		使用13 mm套管和梅花扳手配合拆卸转向器固定螺栓，将转向器从副车架上取下，并拆卸固定支架及橡胶块

续表

项目	步骤	工作内容
安装转向器		使用托盘千斤顶将副车架托起，将转向器的花键插入万向节的安装孔中，安装时注意相对位置，并安装固定螺栓，紧固至 25 N·m
		紧固转向器固定螺栓至 45 N·m；安装转向横拉杆球头，使用扭力扳手紧固螺栓至 35 N·m，整理万向节防护套
		将橡胶块及固定支架安装在转向器上；将转向器安装在副车架上，并安装固定螺栓
		安装转向器盖板及挂挡支架，并紧固螺栓
		安装副车架固定螺栓，紧固前部螺栓至 130 N·m，后部螺栓至 80 N·m，撤去千斤顶，安装紧固发动机后部支架固定螺栓至 60 N·m
		安装转向器上两条油管，并使用 18 mm 呆扳手紧固
拆卸吊架及加入转向油		安装轮胎，紧固螺栓至 110 N·m，并安装轮胎护罩
		将车辆降至合适高度，拆卸发动机吊架
		向转向助力储液壶中加入适量的助力油，同时左右转动转向盘排除系统内空气；启动发动机，持续转动转向盘，同时观察油壶内是否存在气泡，若无气泡产生，则将助力油加注至储液壶上限
		安装变速器后部支架固定螺栓，并紧固至 60 N·m
检查及整理现场		整理工具及现场卫生
		对车辆进行四轮定位
		对车辆进行路试并检查转向盘位置
		撤去三件套

五、检查

（一）自检

结合本组任务操作，对任务执行过程的操作规范性进行检查，检查操作过程中是否存在以下问题，分析讨论应如何避免这些问题并总结规范的操作方法（见表 15–3）。

表 15–3 自检

检查项目	结果
车辆停放位置是否合适，是否将变速器置于空挡并拉紧驻车制动器	是 □ 否 □
是否使用翼子板布对车辆进行防护	是 □ 否 □
是否释放转向助力油	是 □ 否 □
是否顺利更换转向器	是 □ 否 □
是否正确使用工具、设备	是 □ 否 □
是否存在安全隐患	是 □ 否 □
螺栓是否按照维修手册规定力矩拧紧	是 □ 否 □
是否加注转向助力油，并排除系统内空气	是 □ 否 □

续表

检查项目	结果
转向盘是否复位	是 □　否 □
工作场地是否清洁，车辆是否复位	是 □　否 □

（二）互检

组与组之间相互进行任务操作过程及结果检查，并将检查结果填写在表 15-4 中。

表 15-4　互检

检查项目	结果
车辆停放位置是否合适，是否将变速器置于空挡并拉紧驻车制动器	是 □　否 □
是否使用翼子板布对车辆进行防护	是 □　否 □
是否释放转向助力油	是 □　否 □
是否顺利更换转向器	是 □　否 □
是否正确使用工具、设备	是 □　否 □
是否存在安全隐患	是 □　否 □
螺栓是否按照维修手册规定力矩拧紧	是 □　否 □
是否加注转向助力油，并排除系统内空气	是 □　否 □
转向盘是否复位	是 □　否 □
工作场地是否清洁，车辆是否复位	是 □　否 □

六、课堂小结

____

____

____

任务十六　副车架更换

副车架更换任务工单					
客户信息	姓名		电话		
车辆信息	车型		VIN 码		行驶里程

客户描述

散热器面罩、前保险杠及前照灯	☐	散热器	☐	喇叭	☐
发动机舱盖	☐	后视镜	☐	后保险杠	☐
前车门	☐	前门玻璃	☐	后车门	☐
后门玻璃	☐	全车座椅、前部安全带、地胶	☐	全车锁	☐
前部座椅	☐	蓄电池及玻璃清洗系统	☐	刮水器电动机	☐
进气歧管、喷油器	☐	翼子板及内衬	☐	正时传动带	☐
行李舱盖、尾灯、备胎	☐	工作台、暖风水箱	☐	发动机舱盖锁	☐
离合器拉线	☐	后部安全带	☐	发动机及变速器支架	☐
制动总泵	☐	发电机、传动带	☐	起动机	☐

其他：

车辆外观检查	车辆内部检查
凹凸 ☐	污渍 ☐
划痕 ☐	破损 ☐
石击 ☐	色斑 ☐
油漆 ☐	变形 ☐

明确具体工作任务

任务目标

- 能够独立规范地对副车架进行更换
- 能够举一反三，对不同品牌车辆的附件进行拆装
- 能够解答客户提出的疑问

续表

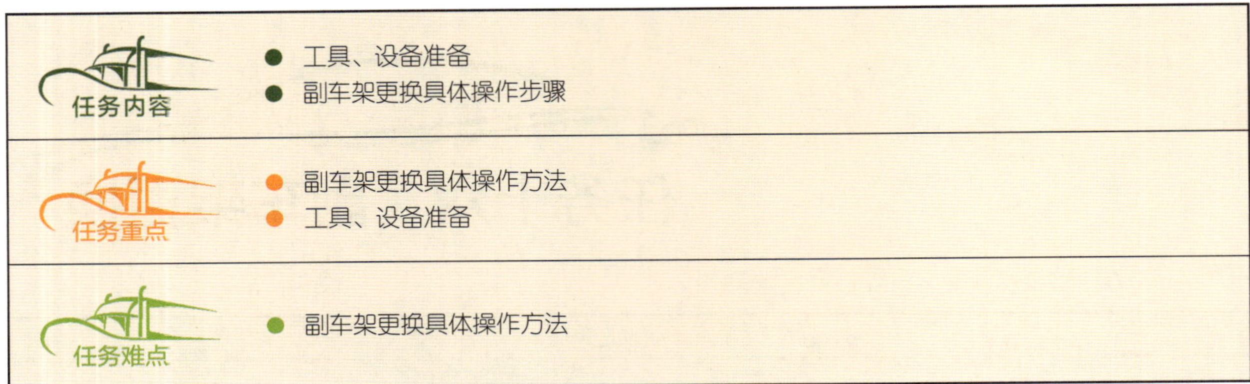

任务内容	● 工具、设备准备 ● 副车架更换具体操作步骤
任务重点	● 副车架更换具体操作方法 ● 工具、设备准备
任务难点	● 副车架更换具体操作方法

一、任务准备

在下列图片中勾选出完成本任务所需的工具、设备、资料等。

翼子板布	工具车	抹布	发动机吊架
工具套件	托盘千斤顶	旋具套装	轮胎架
内六角扳手	轮胎扳手	扭力扳手	三件套

举升机	润滑脂	维修手册	实训车辆

二、防护措施

（一）个人安全防护

➢ 维修人员必须穿工作服、戴工作帽、穿工作鞋，工作服纽扣、拉链及皮带扣应藏于衣服内侧，袖口、领口、裤脚扣紧，佩戴手套，女生的长发要盘起塞在工作帽内。

➢ 维修人员在进入车间前应摘掉手表、戒指、项链、耳环等金属首饰。

➢ 维修人员在进行车辆维修操作时，应防止车轮压伤脚部、车门夹伤手部、热的发动机烫伤手部或发动机传动带绞伤手部等。

➢ 在搬运重物及尖锐器物时应注意动作姿势，防止扭伤腰部、砸伤脚部或划伤手部等。

（二）车辆、台架等设备安全防护

➢ 车辆进入车间内，应停放至指定地点，关闭发动机，将变速器置于空挡并拉紧驻车制动器，将台架的滑轮锁死或用木块将其固定。

➢ 维修操作前，应铺设三件套及翼子板布，发动机启动前应确保其他实训人员远离车辆，并连接尾排。

➢ 操作电气设备应注意用电安全，作业结束之后，应及时切断一切用电设备的电源。

➢ 操作前应熟读维修手册中的操作标准和台架、仪器、设备使用标准，并做好日常维护工作。

（三）车间场地安全防护

➢ 车间应配有干粉灭火器及相应消防措施，易燃油品应存放在密封的金属罐中。

➢ 应时刻注意车间内的工具、配件、设备、车辆等是否摆放整齐。

➢ 车间内设备、车辆周围的人行道和工作区域必须保证足够的安全空间。

➢ 操作过程中应做到工具、配件、油污三不落地，作业完毕应及时清理车间工作场地，做到现场5S 管理。

三、任务分配（见表 16-1）

表 16-1　任务分配表

职务	代码	姓名	工作内容
组长	A		监督、管理组员工作
组员	B		准备实训所需工具、设备及手册
	C		

续表

职务	代码	姓名	工作内容
组员	D		准备实训所需车辆及配件
	E		

四、任务实施

完成下面操作步骤的排序，将正确的序号填写在表 16–2 中。

表 16–2　副车架更换操作步骤

项目	步骤	工作内容
安全防护和准备工作		检查举升臂摆放位置是否正确
		铺设三件套
		打开发动机舱盖，铺设翼子板布
安装吊架		举升车辆至合适高度
		安装发动机吊架
		使用 17 mm 套管拆卸变速器后部支架固定螺栓
		将轮胎架推至指定位置，拆卸轮胎护罩，使用轮胎扳手拆卸轮胎固定螺栓，并将轮胎放置在轮胎架上
拆卸副车架		使用 13 mm 套管拆卸转向器固定螺栓
		使用 19 mm 套管拆卸连接螺杆固定螺栓，使用 13 mm 套管拆卸横向稳定杆支座固定螺栓
		使用 16 mm 套管拆卸发动机后部支座两颗固定螺栓
		将横向稳定杆从副车架上取下，并使用 19 mm 套管拆卸下支臂固定螺栓，取下下支臂，使用 13 mm 套管拆卸变速器支架固定螺栓，取下支架
		使用 17 mm 和 16 mm 套管拆卸下支臂固定螺栓，取出下支臂球头
		使用托盘千斤顶托住副车架，使用 19 mm 套管旋松下支臂前部固定螺栓，并拆卸副车架 4 颗固定螺栓，慢慢降下千斤顶，取下副车架
安装副车架		将副车架放置在托盘千斤顶上，安装回原位置；同时将下支臂球头装回原位置，将转向器固定螺栓穿入装配孔；使用扭力扳手分别紧固副车架前部固定螺栓至 130 N · m，后部固定螺栓至 80 N · m
		使用 13 mm 套管和梅花扳手配合安装转向器固定螺栓，并紧固至 45 N · m
		安装发动机后部支座 2 颗固定螺栓，使用扭力扳手紧固螺栓至 60 N · m
		在副车架上安装变速器支架，并紧固螺栓至 25 N · m；安装下支臂及前部固定螺栓；在横向稳定杆支座上涂抹润滑脂，将横向稳定杆安装到位并安装固定螺栓
		安装下支臂球头固定螺栓，使用扭力扳手紧固固定螺栓至 50 N · m，并紧固下支臂前部固定螺栓至 130 N · m
		安装连接螺杆橡胶垫及固定螺栓，并分别紧固横向稳定杆支座固定螺栓及连接螺杆固定螺栓至 25 N · m

续表

项目	步骤	工作内容
拆卸吊架		安装变速器后部支架固定螺栓，并紧固至 60 N · m
		将车辆降至合适高度，拆卸发动机吊架
		安装轮胎，紧固固定螺栓至 110 N · m，并安装轮胎护罩
检查及整理现场		对车辆进行路试并检查转向盘位置
		撤去三件套
		对车辆进行四轮定位
		整理工具及现场卫生

五、检查

（一）自检

结合本组任务操作，对任务执行过程的操作规范性进行检查，检查操作过程中是否存在以下问题，分析讨论应如何避免这些问题并总结规范的操作方法（见表 16–3）。

表 16–3 自检

检查项目	结果
车辆停放位置是否合适，是否将变速器置于空挡并拉紧驻车制动器	是 □ 否 □
是否使用三件套对车辆进行防护	是 □ 否 □
是否正确使用工具、设备	是 □ 否 □
是否存在安全隐患	是 □ 否 □
更换的副车架是否正确安装到位	是 □ 否 □
螺栓是否按照维修手册规定力矩拧紧	是 □ 否 □
工作场地是否清洁，车辆是否复位	是 □ 否 □

（二）互检

组与组之间相互进行任务操作过程及结果检查，并将检查结果填写在表 16–4 中。

表 16–4 互检

检查项目	结果
车辆停放位置是否合适，是否将变速器置于空挡并拉紧驻车制动器	是 □ 否 □
是否使用三件套对车辆进行防护	是 □ 否 □
是否正确使用工具、设备	是 □ 否 □
是否存在安全隐患	是 □ 否 □

续表

检查项目	结果
更换的副车架是否正确安装到位	是☐ 否☐
螺栓是否按照维修手册规定力矩拧紧	是☐ 否☐
工作场地是否清洁，车辆是否复位	是☐ 否☐

六、课堂小结

____

____

____

任务十七　后减振器缓冲块更换

<table>
<tr><th colspan="7">后减振器缓冲块更换任务工单</th></tr>
<tr><td>客户信息</td><td>姓名</td><td colspan="2"></td><td>电话</td><td colspan="2"></td></tr>
<tr><td rowspan="2">车辆信息</td><td colspan="2">车型</td><td colspan="2">VIN 码</td><td colspan="2">行驶里程</td></tr>
<tr><td colspan="2"></td><td colspan="2"></td><td colspan="2"></td></tr>
<tr><td>客户描述</td><td colspan="6">散热器面罩、前保险杠及前照灯 □　散热器 □　喇叭 □
发动机舱盖 □　后视镜 □　后保险杠 □
前车门 □　前门玻璃 □　后车门 □
后门玻璃 □　全车座椅、前部安全带、地胶 □　全车锁 □
前部座椅 □　蓄电池及玻璃清洗系统 □　刮水器电动机 □
进气歧管、喷油器 □　翼子板及内衬 □　正时传动带 □
行李舱盖、尾灯、备胎 □　工作台、暖风水箱 □　发动机舱盖锁 □
离合器拉线 □　后部安全带 □　发动机及变速器支架 □
制动总泵 □　发电机、传动带 □　起动机 □
其他：</td></tr>
<tr><th colspan="3">车辆外观检查</th><th colspan="4">车辆内部检查</th></tr>
<tr><td>凹凸 □</td><td colspan="2" rowspan="4"></td><td>污渍 □</td><td colspan="3" rowspan="4"></td></tr>
<tr><td>划痕 □</td><td>破损 □</td></tr>
<tr><td>石击 □</td><td>色斑 □</td></tr>
<tr><td>油漆 □</td><td>变形 □</td></tr>
<tr><td>明确具体工作任务</td><td colspan="6"></td></tr>
<tr><td>任务目标</td><td colspan="6">● 能够独立规范地对后减振器缓冲块进行更换
● 能够举一反三，对不同品牌车辆的附件进行拆装
● 能够解答客户提出的疑问</td></tr>
</table>

续表

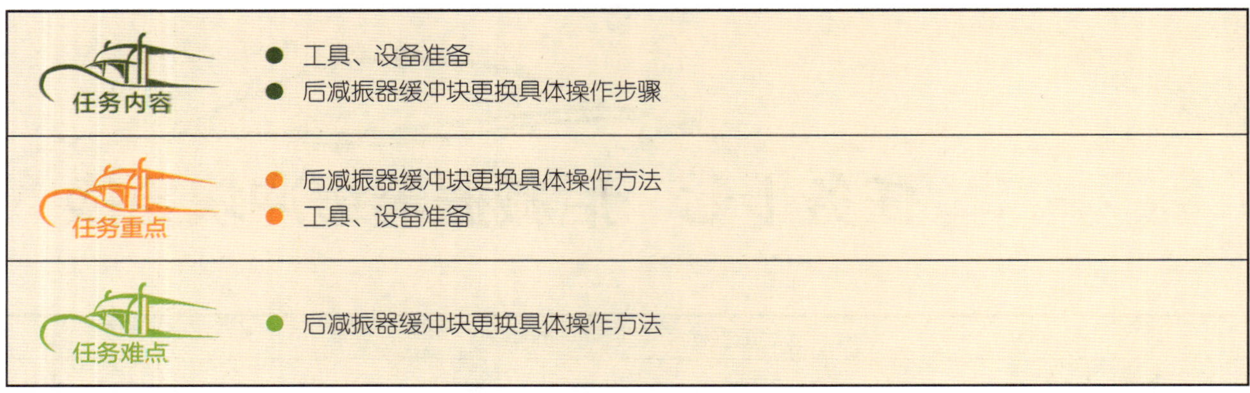

任务内容	● 工具、设备准备 ● 后减振器缓冲块更换具体操作步骤
任务重点	● 后减振器缓冲块更换具体操作方法 ● 工具、设备准备
任务难点	● 后减振器缓冲块更换具体操作方法

一、任务准备

在下列图片中勾选出完成本任务所需的工具、设备、资料等。

工具车	旋具	翼子板布	减振器拆装专用工具
抹布	轮胎扳手	工具套件	铁锤
轮胎架	减振弹簧压力机	撬棒	配件车

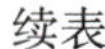

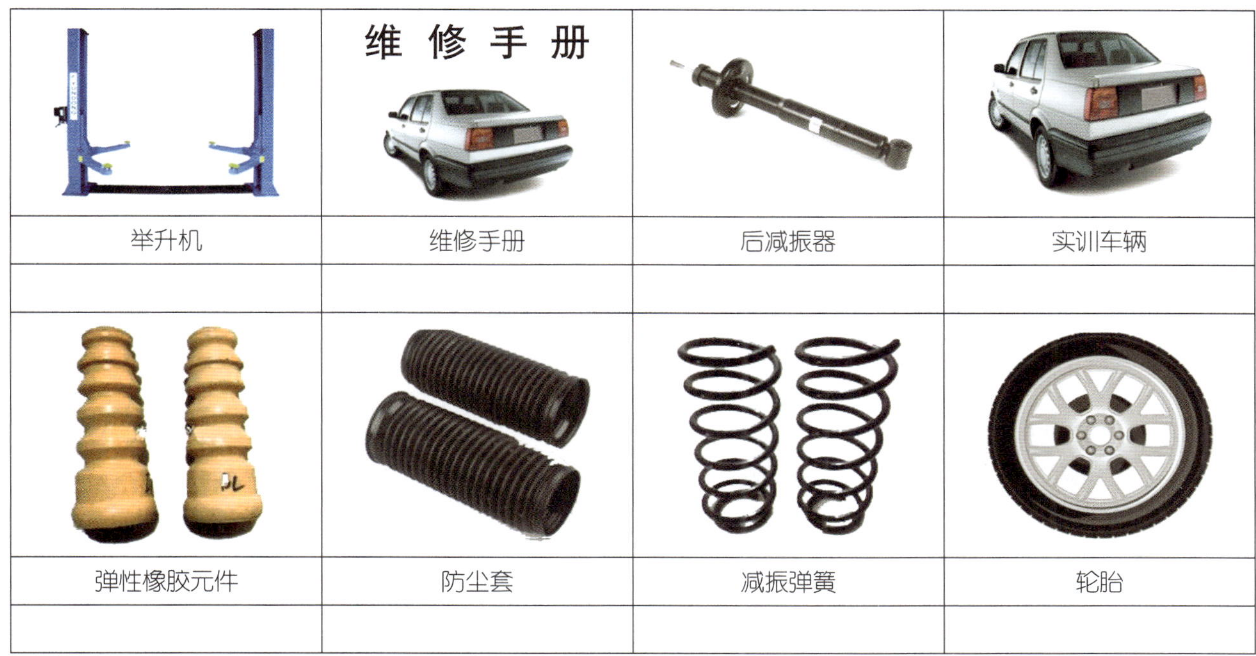

举升机	维修手册	后减振器	实训车辆
弹性橡胶元件	防尘套	减振弹簧	轮胎

二、防护措施

（一）个人安全防护

➢ 维修人员必须穿工作服、戴工作帽、穿工作鞋，工作服纽扣、拉链及皮带扣应藏于衣服内侧，袖口、领口、裤脚扣紧，佩戴手套，女生的长发要盘起塞在工作帽内。

➢ 维修人员在进入车间前应摘掉手表、戒指、项链、耳环等金属首饰。

➢ 维修人员在进行车辆维修操作时，应防止车轮压伤脚部、车门夹伤手部、热的发动机烫伤手部或发动机传动带绞伤手部等。

➢ 在搬运重物及尖锐器物时应注意动作姿势，防止扭伤腰部、砸伤脚部或划伤手部等。

（二）车辆、台架等设备安全防护

➢ 车辆进入车间内，应停放至指定地点，关闭发动机，将变速器置于空挡并拉紧驻车制动器，将台架的滑轮锁死或用木块将其固定。

➢ 维修操作前，应铺设三件套及翼子板布，发动机启动前应确保其他实训人员远离车辆，并连接尾排。

➢ 操作电气设备应注意用电安全，作业结束之后，应及时切断一切用电设备的电源。

➢ 操作前应熟读维修手册中的操作标准和台架、仪器、设备使用标准，并做好日常维护工作。

（三）车间场地安全防护

➢ 车间应配有干粉灭火器及相应消防措施，易燃油品应存放在密封的金属罐中。

➢ 应时刻注意车间内的工具、配件、设备、车辆等是否摆放整齐。

➢ 车间内设备、车辆周围的人行道和工作区域必须保证足够的安全空间。

➢ 操作过程中应做到工具、配件、油污三不落地，作业完毕应及时清理车间工作场地，做到现场5S管理。

三、任务分配（见表 17-1）

表 17-1　任务分配表

职务	代码	姓名	工作内容
组长	A		监督、管理组员工作
组员	B		准备实训所需车辆及配件
	C		
	D		准备实训所需工具、设备及手册
	E		

四、任务实施

完成下面操作步骤的排序，将正确的序号填写在表 17–2、表 17–3 和表 17–4 中。

表 17–2　后减振器拆卸操作步骤

项目	步骤	工作内容
安全防护和准备工作		铺设三件套
		将工具车及配件车推至指定位置
		检查举升臂摆放位置是否正确
拆卸减振器顶部螺栓		掀开后座椅背饰板，取下减振器护盖，用专用工具和 20 mm 呆扳手拆卸第一层固定螺栓，并取下螺栓及垫片
		用专用工具和 20 mm 呆扳手拆卸第二层固定螺栓，并取下螺栓、缓冲胶上垫片、缓冲胶及缓冲胶下垫片
		拆卸轮胎护罩，使用轮胎扳手拆卸轮胎固定螺栓，并将轮胎放置在轮胎架上
		打开后车门，用力抠住后座椅背底部向上抬起，将后座椅背放倒，并取出椅背
拆卸后减振器		使用 17 mm 呆扳手和套管配合拆卸减振器底部固定螺栓
		使用撬棒向下压后桥，将减振器从安装槽中取出
		举升车辆至合适的高度，并挂上保险

表 17–3　缓冲块更换操作步骤

项目	步骤	工作内容
更换缓冲块		使用专用工具拆卸减振器上方自锁螺母，取下橡胶环、弹簧上托盘、弹簧座、隔离套，取出缓冲块
		将减振器安装在专用工具上并锁紧
		装入固定螺栓，使用专用工具及 20 mm 呆扳手紧固，并用 17 mm 套管紧固至 15 N · m
		缓慢松开专用工具使弹簧复位，完全松开后取下减振器
		将专用工具的爪钩扣在弹簧上部，旋转专用工具使弹簧压缩
		将新的缓冲块与防护管连接到一起，装入活塞杆，放入隔离套、弹簧座、弹簧上托盘、橡胶环

表 17–4 后减振器安装操作步骤

项目	步骤	工作内容
安装减振器		使用扳手和套管配合安装减振器底部固定螺栓，紧固至 70 N · m
		使用撬棒向下压后车架，将减振器上方插入顶部安装孔中、下部插入车架安装槽中，并插入螺栓
		将车辆降至合适高度
安装减振器顶部螺栓		安装后座椅背饰板，抬起椅背，将椅背安装支架插入安装槽，安装到位并整理安全带
		在减振器顶部顺序放入缓冲胶下垫片、缓冲胶、缓冲胶上垫片，安装第二层固定螺栓，使用专用工具紧固，并使用 17 mm 套管紧固至 25 N · m
		安装轮胎，紧固轮胎固定螺栓至 110 N · m，并安装轮胎护罩
		在缓冲胶上安装垫片和第一层固定螺栓，使用专用工具紧固，并使用 17 mm 套管紧固至 15 N · m，然后安装减振器上护盖
整理现场		撤去三件套
		将工具车与配件车复位
		整理工具及现场卫生

五、检查

（一）自检

结合本组任务操作，对任务执行过程的操作规范性进行检查，检查操作过程中是否存在以下问题，分析讨论应如何避免这些问题并总结规范的操作方法（见表 17–5）。

表 17–5 自检

检查项目	结果
车辆停放位置是否合适，是否将变速器置于空挡并拉紧驻车制动器	是 □ 否 □
是否使用三件套对车辆进行防护	是 □ 否 □
是否正确拆卸后减振器	是 □ 否 □
是否正确分解后减振器	是 □ 否 □
是否正确更换缓冲块	是 □ 否 □
是否损坏其他防护部件	是 □ 否 □
是否正确安装后减振器	是 □ 否 □
减振器固定螺栓力矩是否符合要求	是 □ 否 □
是否出现安全隐患	是 □ 否 □
工作场地是否清洁，车辆是否复位	是 □ 否 □

（二）互检

组与组之间相互进行任务操作过程及结果检查，并将检查结果填写在表 17–6 中。

表 17-6　互检

检查项目	结果
车辆停放位置是否合适，是否将变速器置于空挡并拉紧驻车制动器	是 □　否 □
是否使用三件套对车辆进行防护	是 □　否 □
是否正确拆卸后减振器	是 □　否 □
是否正确分解后减振器	是 □　否 □
是否正确更换缓冲块	是 □　否 □
是否损坏其他防护部件	是 □　否 □
是否正确安装后减振器	是 □　否 □
减振器固定螺栓力矩是否符合要求	是 □　否 □
是否出现安全隐患	是 □　否 □
工作场地是否清洁，车辆是否复位	是 □　否 □

六、课堂小结

____

____

____

任务十八　排气管尾段拆装

<table>
<tr><td colspan="7">排气管尾段拆装任务工单</td></tr>
<tr><td>客户信息</td><td>姓名</td><td colspan="2"></td><td>电话</td><td colspan="2"></td></tr>
<tr><td rowspan="2">车辆信息</td><td colspan="2">车型</td><td colspan="2">VIN 码</td><td colspan="2">行驶里程</td></tr>
<tr><td colspan="2"></td><td colspan="2"></td><td colspan="2"></td></tr>
<tr><td>客户描述</td><td colspan="6">散热器面罩、前保险杠及前照灯 □　散热器 □　喇叭 □
发动机舱盖 □　后视镜 □　后保险杠 □
前车门 □　前门玻璃 □　后车门 □
后门玻璃 □　全车座椅、前部安全带、地胶 □　全车锁 □
前部座椅 □　蓄电池及玻璃清洗系统 □　刮水器电动机 □
进气歧管、喷油器 □　翼子板及内衬 □　正时传动带 □
行李舱盖、尾灯、备胎 □　工作台、暖风水箱 □　发动机舱盖锁 □
离合器拉线 □　后部安全带 □　发动机及变速器支架 □
制动总泵 □　发电机、传动带 □　起动机 □
其他：</td></tr>
<tr><td colspan="3">车辆外观检查</td><td colspan="4">车辆内部检查</td></tr>
<tr><td>凹凸 □
划痕 □
石击 □
油漆 □</td><td colspan="2"></td><td>污渍 □
破损 □
色斑 □
变形 □</td><td colspan="3"></td></tr>
<tr><td>明确具体工作任务</td><td colspan="6"></td></tr>
<tr><td>任务目标</td><td colspan="6">● 能够独立规范地对排气管尾段进行拆装
● 能够举一反三，对不同品牌车辆的附件进行拆装
● 能够解答客户提出的疑问</td></tr>
</table>

续表

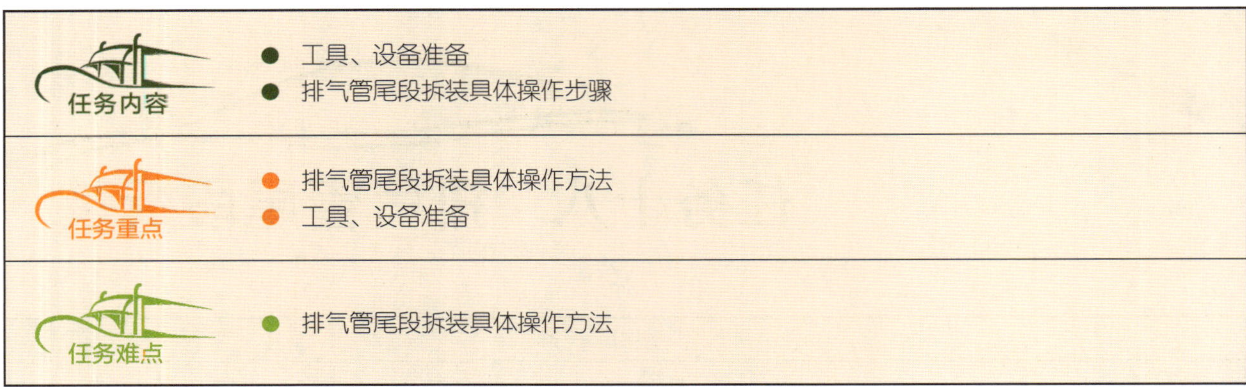

任务内容	● 工具、设备准备 ● 排气管尾段拆装具体操作步骤
任务重点	● 排气管尾段拆装具体操作方法 ● 工具、设备准备
任务难点	● 排气管尾段拆装具体操作方法

一、任务准备

在下列图片中勾选出完成本任务所需的工具、设备、资料等。

扭力扳手	接油盘	翼子板布	托盘千斤顶
抹布	工具车	工具套件	内六角扳手
制动液回收壶	配件车	三件套	旋具套装

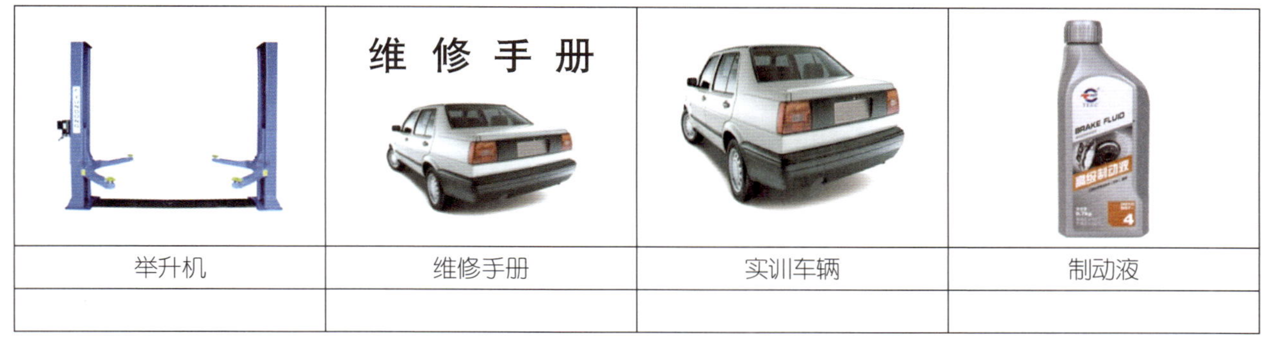

举升机	维修手册	实训车辆	制动液

二、防护措施

（一）个人安全防护

➢ 维修人员必须穿工作服、戴工作帽、穿工作鞋，工作服纽扣、拉链及皮带扣应藏于衣服内侧，袖口、领口、裤脚扣紧，佩戴手套，女生的长发要盘起塞在工作帽内。

➢ 维修人员在进入车间前应摘掉手表、戒指、项链、耳环等金属首饰。

➢ 维修人员在进行车辆维修操作时，应防止车轮压伤脚部、车门夹伤手部、热的发动机烫伤手部或发动机传动带绞伤手部等。

➢ 在搬运重物及尖锐器物时应注意动作姿势，防止扭伤腰部、砸伤脚部或划伤手部等。

（二）车辆、台架等设备安全防护

➢ 车辆进入车间内，应停放至指定地点，关闭发动机，将变速器置于空挡并拉紧驻车制动器，将台架的滑轮锁死或用木块将其固定。

➢ 维修操作前，应铺设三件套及翼子板布，发动机启动前应确保其他实训人员远离车辆，并连接尾排。

➢ 操作电气设备应注意用电安全，作业结束之后，应及时切断一切用电设备的电源。

➢ 操作前应熟读维修手册中的操作标准和台架、仪器、设备使用标准，并做好日常维护工作。

（三）车间场地安全防护

➢ 车间应配有干粉灭火器及相应消防措施，易燃油品应存放在密封的金属罐中。

➢ 应时刻注意车间内的工具、配件、设备、车辆等是否摆放整齐。

➢ 车间内设备、车辆周围的人行道和工作区域必须保证足够的安全空间。

➢ 操作过程中应做到工具、配件、油污三不落地，作业完毕应及时清理车间工作场地，做到现场5S管理。

三、任务分配（见表18-1）

表18-1 任务分配表

职务	代码	姓名	工作内容
组长	A		监督、管理组员工作
组员	B		准备实训所需车辆及配件
	C		

续表

职务	代码	姓名	工作内容
组员	D		准备实训所需工具、设备及手册
	E		

四、任务实施

完成下面操作步骤的排序，将正确的序号填写在表 18-2 中。

表 18-2　排气管尾段拆装操作步骤

项目	步骤	工作内容
安全防护和准备工作		铺设三件套
		检查举升臂摆放位置是否正确
		举升车辆至合适高度
		打开发动机舱盖，铺设翼子板布
拆卸排气管尾段		使用小一字旋具拆卸后桥左侧的 ABS 线束
		在左侧车轮下方放置接油盘，使用呆扳手拆卸后桥左侧的制动液管，并使用托盘千斤顶托住后桥
		使用 17 mm 呆扳手和套管配合拆卸左后减振器底部固定螺栓
		使用 16 mm 套管拆卸后桥左侧固定螺栓，慢慢降下千斤顶，使左侧后桥与车身分离
		拆卸排气管尾段吊耳，将排气管从车辆后部取出
		使用 17 mm 套管拆卸排气管双卡夹固定螺栓，断开排气管双卡夹
安装排气管尾段		安装减振器底部固定螺栓，并紧固至 70 N · m
		安装后桥左侧的 ABS 线束
		将排气管尾段安装在车身上，并安装吊耳
		举升千斤顶托起后桥，将后桥安装回原位置，紧固固定螺栓至 70 N · m
		撤去千斤顶，安装紧固制动液管，撤去接油盘
		安装紧固双卡夹固定螺栓至 40 N · m
制动系统排气		降下车辆，打开制动油储液壶盖，并加入适量制动液
		对制动系统进行排气
		辅助人员进入驾驶室，举升车辆
检查及整理现场		连接尾排，启动发动机
		检查排气管是否有漏气现象
		撤去翼子板布，并关闭发动机舱盖
		撤去三件套

五、检查

（一）自检

结合本组任务操作，对任务执行过程的操作规范性进行检查，检查操作过程中是否存在以下问题，分析讨论应如何避免这些问题并总结规范的操作方法（见表 18-3）。

表 18-3　自检

检查项目	结果
车辆停放位置是否合适，是否将变速器置于空挡并拉紧驻车制动器	是□　否□
是否使用三件套对车辆进行防护	是□　否□
是否正确使用工具、设备	是□　否□
是否存在安全隐患	是□　否□
拆卸部件是否正确安装到位	是□　否□
螺栓是否按照维修手册规定力矩拧紧	是□　否□
是否对制动系统进行排气	是□　否□
排气管是否有漏气现象	是□　否□
工作场地是否清洁，车辆是否复位	是□　否□

（二）互检

组与组之间相互进行任务操作过程及结果检查，并将检查结果填写在表 18-4 中。

表 18-4　互检

检查项目	结果
车辆停放位置是否合适，是否将变速器置于空挡并拉紧驻车制动器	是□　否□
是否使用三件套对车辆进行防护	是□　否□
是否正确使用工具、设备	是□　否□
是否存在安全隐患	是□　否□
拆卸部件是否正确安装到位	是□　否□
螺栓是否按照维修手册规定力矩拧紧	是□　否□
是否对制动系统进行排气	是□　否□
排气管是否有漏气现象	是□　否□
工作场地是否清洁，车辆是否复位	是□　否□

六、课堂小结

任务十九　车轮轴承更换

<table>
<tr><th colspan="7">车轮轴承更换任务工单</th></tr>
<tr><td>客户信息</td><td>姓名</td><td colspan="2"></td><td>电话</td><td colspan="2"></td></tr>
<tr><td rowspan="2">车辆信息</td><td colspan="2">车型</td><td colspan="2">VIN 码</td><td colspan="2">行驶里程</td></tr>
<tr><td colspan="2"></td><td colspan="2"></td><td colspan="2"></td></tr>
<tr><td>客户描述</td><td colspan="6">散热器面罩、前保险杠及前照灯 □　散热器 □　喇叭 □
发动机舱盖 □　后视镜 □　后保险杠 □
前车门 □　前门玻璃 □　后车门 □
后门玻璃 □　全车座椅、前部安全带、地胶 □　全车锁 □
前部座椅 □　蓄电池及玻璃清洗系统 □　刮水器电动机 □
进气歧管、喷油器 □　翼子板及内衬 □　正时传动带 □
行李舱盖、尾灯、备胎 □　工作台、暖风水箱 □　发动机舱盖锁 □
离合器拉线 □　后部安全带 □　发动机及变速器支架 □
制动总泵 □　发电机、传动带 □　起动机 □
其他：</td></tr>
<tr><td colspan="3">车辆外观检查</td><td colspan="4">车辆内部检查</td></tr>
<tr><td>凹凸 □
划痕 □
石击 □
油漆 □</td><td colspan="2"></td><td>污渍 □
破损 □
色斑 □
变形 □</td><td colspan="3"></td></tr>
<tr><td>明确具体工作任务</td><td colspan="6"></td></tr>
<tr><td>任务目标</td><td colspan="6">● 能够独立规范地对车轮轴承进行更换
● 能够举一反三，对不同品牌车辆的附件进行拆装
● 能够解答客户提出的疑问</td></tr>
</table>

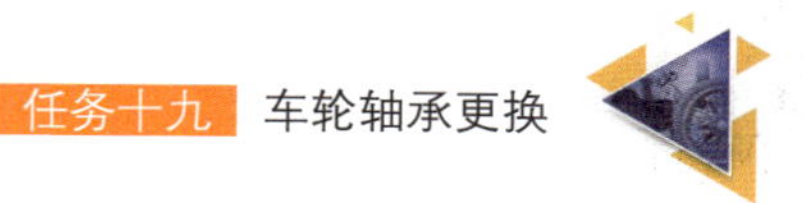

续表

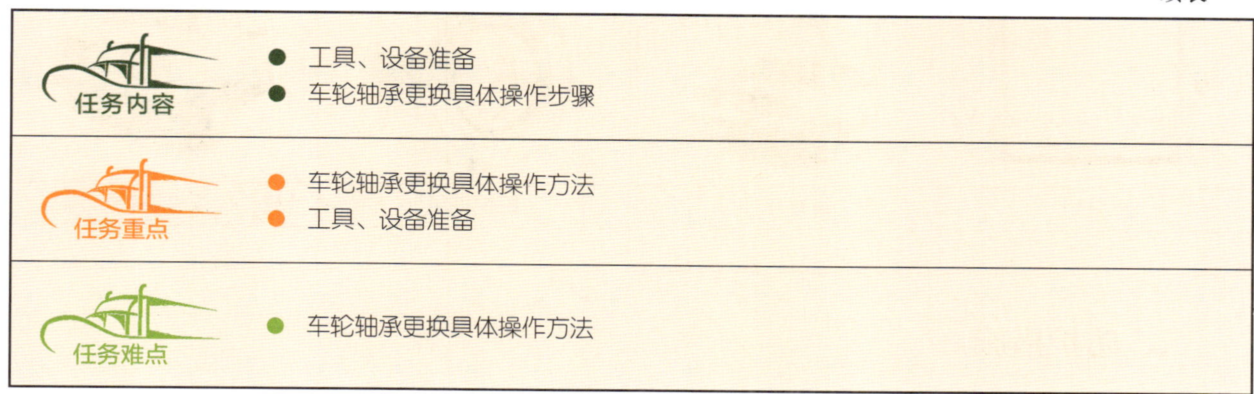

任务内容	● 工具、设备准备 ● 车轮轴承更换具体操作步骤
任务重点	● 车轮轴承更换具体操作方法 ● 工具、设备准备
任务难点	● 车轮轴承更换具体操作方法

一、任务准备

在下列图片中勾选出完成本任务所需的工具、设备、资料等。

三件套	旋具套装	翼子板布	轮胎架
抹布	工具车	工具套件	钢丝钳
轮胎扳手	内六角扳手	压力机	卡簧钳

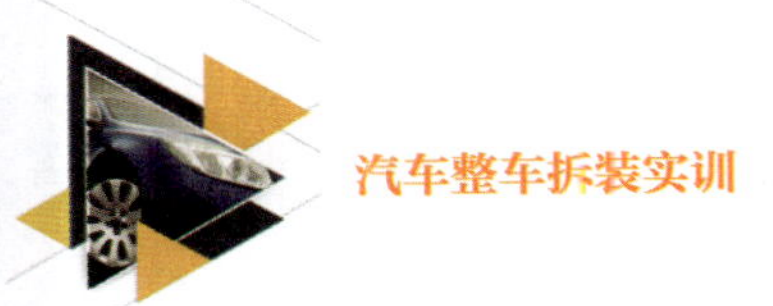

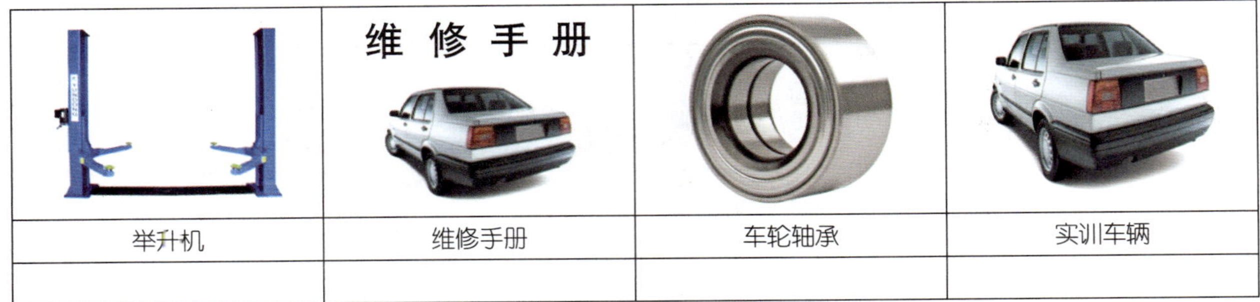

举升机	维修手册	车轮轴承	实训车辆

二、防护措施

（一）个人安全防护

➢ 维修人员必须穿工作服、戴工作帽、穿工作鞋，工作服纽扣、拉链及皮带扣应藏于衣服内侧，袖口、领口、裤脚扣紧，佩戴手套，女生的长发要盘起塞在工作帽内。

➢ 维修人员在进入车间前应摘掉手表、戒指、项链、耳环等金属首饰。

➢ 维修人员在进行车辆维修操作时，应防止车轮压伤脚部、车门夹伤手部、热的发动机烫伤手部或发动机传动带绞伤手部等。

➢ 在搬运重物及尖锐器物时应注意动作姿势，防止扭伤腰部、砸伤脚部或划伤手部等。

（二）车辆、台架等设备安全防护

➢ 车辆进入车间内，应停放至指定地点，关闭发动机，将变速器置于空挡并拉紧驻车制动器，将台架的滑轮锁死或用木块将其固定。

➢ 维修操作前，应铺设三件套及翼子板布，发动机启动前应确保其他实训人员远离车辆，并连接尾排。

➢ 操作电气设备应注意用电安全，作业结束之后，应及时切断一切用电设备的电源。

➢ 操作前应熟读维修手册中的操作标准和台架、仪器、设备使用标准，并做好日常维护工作。

（三）车间场地安全防护

➢ 车间应配有干粉灭火器及相应消防措施，易燃油品应存放在密封的金属罐中。

➢ 应时刻注意车间内的工具、配件、设备、车辆等是否摆放整齐。

➢ 车间内设备、车辆周围的人行道和工作区域必须保证足够的安全空间。

➢ 操作过程中应做到工具、配件、油污三不落地，作业完毕应及时清理车间工作场地，做到现场5S管理。

三、任务分配（见表19-1）

表19-1 任务分配表

职务	代码	姓名	工作内容
组长	A		监督、管理组员工作
组员	B		准备实训所需车辆及配件
	C		

续表

职务	代码	姓名	工作内容
组员	D		准备实训所需工具、设备及手册
	E		

四、任务实施

完成下面操作步骤的排序，将正确的序号填写在表 19-2 中。

表 19-2　车轮轴承更换操作步骤

项目	步骤	工作内容
安全防护和准备工作		铺设三件套
		检查举升臂摆放位置是否正确
		打开发动机舱盖，铺设翼子板布
拆卸车轮轴承壳		使用 15 mm 呆扳手与 13 mm 套管拆卸制动钳导向杆固定螺栓，取下制动钳及制动片
		使用 17 mm 套管拆卸分泵支架固定螺栓，取下分泵支架；使用 T30 扳手拆卸制动盘固定螺栓，取下制动盘
		使用 8 mm 套管拆卸制动盘护板；使用 15 mm 套管拆卸转向横拉杆固定螺栓，并用专用工具顶出拉杆球头
		使用 17 mm 和 16 mm 套管拆卸下支臂固定螺栓，撬出下支臂球头
		将轮胎架推至指定位置，拆卸轮胎护罩，使用 30 mm 套管拆卸半轴锁止螺栓；使用轮胎扳手拆卸轮胎固定螺栓，并将轮胎放置在轮胎架上
		在车轮轴承壳固定螺栓处画出标记（否则必须调整外倾角），使用 19 mm 与 18 mm 套管拆卸减振器与车轮轴承壳的连接螺栓，取下车轮轴承壳
		将半轴从轮毂中取出，并使用 5 mm 内六角扳手拆卸 ABS 传感器
更换前轮轴承		将车轮轴承壳放置在压力机上，将车轮法兰压出
		使用卡簧钳拆卸轴承两侧的弹性挡圈，将车轮轴承压出
		在车轮轴承壳内侧装入弹性挡圈
		安装轴承时，注意轴承上的倒角应朝向轴承壳内侧，将轴承压入轴承壳，并安装外侧弹性挡圈
		将车轮法兰压入轴承内圈
安装车轮轴承壳		安装下支臂球头，使用扭力扳手紧固固定螺栓至 50 N · m，并紧固车轮轴承壳固定螺栓至 95 N · m
		按照减振器上的标记安装车轮轴承壳，并装入固定螺栓
		安装转向横拉杆球头，使用扭力扳手紧固固定螺栓至 35 N · m
		将半轴插入车轮轴承壳，预紧固定螺栓，安装 ABS 传感器；安装制动盘护板，紧固固定螺栓至 10 N · m
		安装制动盘，使用 T30 扳手紧固螺栓；安装分泵支架，使用 18 mm 套管紧固固定螺栓至 135 N · m
		降下车辆，安装轮胎并紧固固定螺栓至 110 N · m；紧固半轴锁止螺栓至 265 N · m，安装轮胎护罩
		安装制动片，将制动分泵安装在分泵支架上，使用扭力扳手紧固固定螺栓至 25 N · m

续表

项目	步骤	工作内容
检查及整理现场		对车辆进行路试检查
		撤去三件套
		整理工具及现场卫生

五、检查

（一）自检

结合本组任务操作，对任务执行过程的操作规范性进行检查，检查操作过程中是否存在以下问题，分析讨论应如何避免这些问题并总结规范的操作方法（见表 19–3）。

表 19–3　自检

检查项目	结果
车辆停放位置是否合适，是否将变速器置于空挡并拉紧驻车制动器	是 □　否 □
是否使用三件套对车辆进行防护	是 □　否 □
是否正确使用工具、设备	是 □　否 □
拆卸部件是否正确安装到位	是 □　否 □
是否正确更换车轮轴承	是 □　否 □
各螺栓是否按照维修手册规定力矩拧紧	是 □　否 □
是否存在安全隐患	是 □　否 □
是否出现安全事故	是 □　否 □
工作场地是否清洁，车辆是否复位	是 □　否 □

（二）互检

组与组之间相互进行任务操作过程及结果检查，并将检查结果填写在表 19–4 中。

表 19–4　互检

检查项目	结果
车辆停放位置是否合适，是否将变速器置于空挡并拉紧驻车制动器	是 □　否 □
是否使用三件套对车辆进行防护	是 □　否 □
是否正确使用工具、设备	是 □　否 □
拆卸部件是否正确安装到位	是 □　否 □
是否正确更换车轮轴承	是 □　否 □
各螺栓是否按照维修手册规定力矩拧紧	是 □　否 □
是否存在安全隐患	是 □　否 □
是否出现安全事故	是 □　否 □
工作场地是否清洁，车辆是否复位	是 □　否 □

六、课堂小结

情境四

车身部件拆装

任务二十　刮水器电动机拆装

<table>
<tr><th colspan="7">刮水器电动机拆装任务工单</th></tr>
<tr><td>客户信息</td><td>姓名</td><td colspan="2"></td><td>电话</td><td colspan="2"></td></tr>
<tr><td rowspan="2">车辆信息</td><td colspan="2">车型</td><td colspan="2">VIN 码</td><td colspan="2">行驶里程</td></tr>
<tr><td colspan="2"></td><td colspan="2"></td><td colspan="2"></td></tr>
<tr><td rowspan="10">客户描述</td><td>散热器面罩、前保险杠及前照灯</td><td>□</td><td>散热器</td><td>□</td><td>喇叭</td><td>□</td></tr>
<tr><td>发动机舱盖</td><td>□</td><td>后视镜</td><td>□</td><td>后保险杠</td><td>□</td></tr>
<tr><td>前车门</td><td>□</td><td>前门玻璃</td><td>□</td><td>后车门</td><td>□</td></tr>
<tr><td>后门玻璃</td><td>□</td><td>全车座椅、前部安全带、地胶</td><td>□</td><td>全车锁</td><td>□</td></tr>
<tr><td>前部座椅</td><td>□</td><td>蓄电池及玻璃清洗系统</td><td>□</td><td>刮水器电动机</td><td>□</td></tr>
<tr><td>进气歧管、喷油器</td><td>□</td><td>翼子板及内衬</td><td>□</td><td>正时传动带</td><td>□</td></tr>
<tr><td>行李舱盖、尾灯、备胎</td><td>□</td><td>工作台、暖风水箱</td><td>□</td><td>发动机舱盖锁</td><td>□</td></tr>
<tr><td>离合器拉线</td><td>□</td><td>后部安全带</td><td>□</td><td>发动机及变速器支架</td><td>□</td></tr>
<tr><td>制动总泵</td><td>□</td><td>发电机、传动带</td><td>□</td><td>起动机</td><td>□</td></tr>
<tr><td colspan="6">其他：</td></tr>
<tr><th colspan="3">车辆外观检查</th><th colspan="4">车辆内部检查</th></tr>
<tr><td>凹凸 □</td><td colspan="2" rowspan="4"></td><td>污渍 □</td><td colspan="3" rowspan="4"></td></tr>
<tr><td>划痕 □</td><td>破损 □</td></tr>
<tr><td>石击 □</td><td>色斑 □</td></tr>
<tr><td>油漆 □</td><td>变形 □</td></tr>
<tr><td>明确具体工作任务</td><td colspan="6"></td></tr>
<tr><td>任务目标</td><td colspan="6">● 能够独立规范地对汽车刮水器电动机进行拆装
● 能够举一反三，对不同品牌车辆的附件进行拆装
● 能够解答客户提出的疑问</td></tr>
</table>

续表

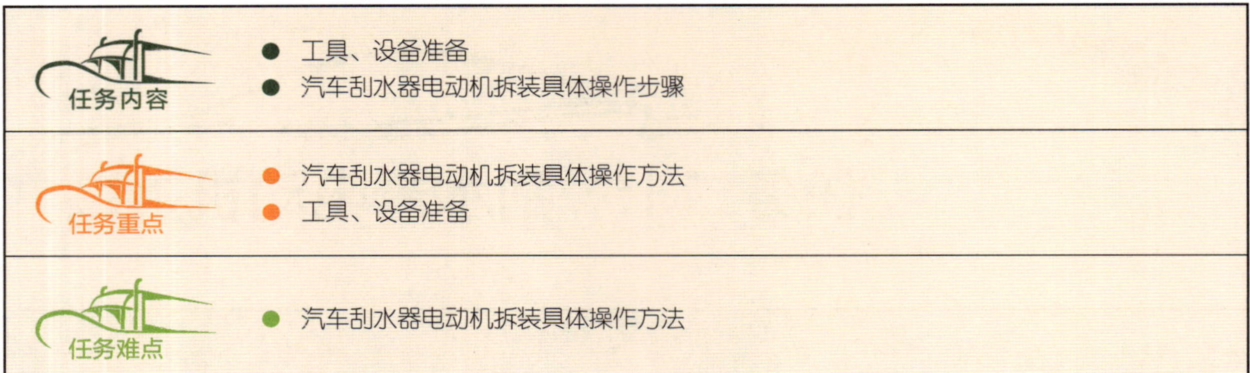

任务内容	● 工具、设备准备 ● 汽车刮水器电动机拆装具体操作步骤
任务重点	● 汽车刮水器电动机拆装具体操作方法 ● 工具、设备准备
任务难点	● 汽车刮水器电动机拆装具体操作方法

一、任务准备

在下列图片中勾选出完成本任务所需的工具、设备、资料等。

 翼子板布	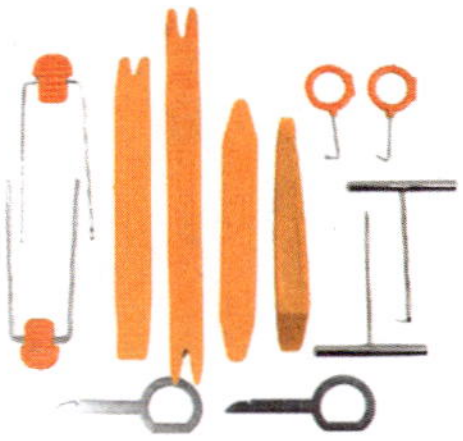 撬板	 三件套	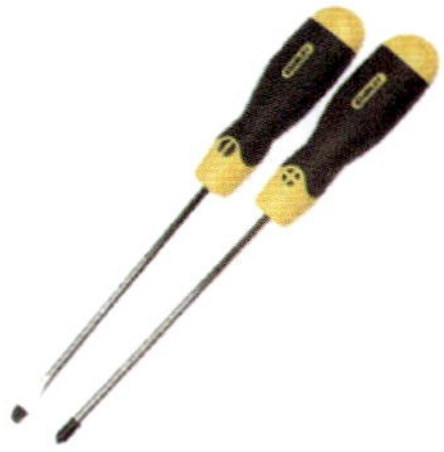 旋具
 抹布	 工具车	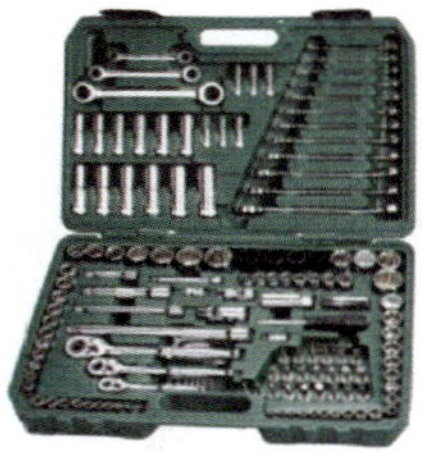 工具套件	 钢丝钳
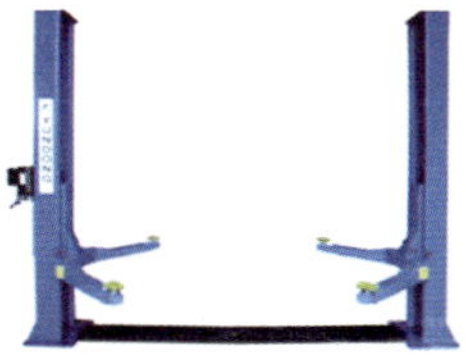 举升机	 维修手册	 刮水器	 实训车辆

二、防护措施

（一）个人安全防护

➢ 维修人员必须穿工作服、戴工作帽、穿工作鞋，工作服纽扣、拉链及皮带扣应藏于衣服内侧，袖口、领口、裤脚扣紧，佩戴手套，女生的长发要盘起塞在工作帽内。

➢ 维修人员在进入车间前应摘掉手表、戒指、项链、耳环等金属首饰。

➢ 维修人员在进行车辆维修操作时，应防止车轮压伤脚部、车门夹伤手部、热的发动机烫伤手部或发动机传动带绞伤手部等。

➢ 在搬运重物及尖锐器物时应注意动作姿势，防止扭伤腰部、砸伤脚部或划伤手部等。

（二）车辆、台架等设备安全防护

➢ 车辆进入车间内，应停放至指定地点，关闭发动机，将变速器置于空挡并拉紧驻车制动器，将台架的滑轮锁死或用木块将其固定。

➢ 维修操作前，应铺设三件套及翼子板布，发动机启动前应确保其他实训人员远离车辆，并连接尾排。

➢ 操作电气设备应注意用电安全，作业结束之后，应及时切断一切用电设备的电源。

➢ 操作前应熟读维修手册中的操作标准和台架、仪器、设备使用标准，并做好日常维护工作。

（三）车间场地安全防护

➢ 车间应配有干粉灭火器及相应消防措施，易燃油品应存放在密封的金属罐中。

➢ 应时刻注意车间内的工具、配件、设备、车辆等是否摆放整齐。

➢ 车间内设备、车辆周围的人行道和工作区域必须保证足够的安全空间。

➢ 操作过程中应做到工具、配件、油污三不落地，作业完毕应及时清理车间工作场地，做到现场5S管理。

三、任务分配（见表20-1）

表20-1 任务分配表

职务	代码	姓名	工作内容
组长	A		监督、管理组员工作
组员	B		准备实训所需工具、设备及手册
	C		
	D		准备实训所需车辆及配件
	E		

四、任务实施

完成下面操作步骤的排序，将正确的序号填写在表20-2中。

表 20-2 刮水器电动机拆装操作步骤

项目	步骤	工作内容
安全防护和准备工作		铺设三件套
		打开发动机舱盖，铺设翼子板布
拆卸附件		拆卸刮水器臂固定螺栓，并取下刮水器臂
		拆卸刮水器联动机构固定螺栓
		拆卸刮水器臂固定螺栓护盖
拆卸刮水器联动机构		断开蓄电池负极，取下发动机控制单元防水盖板，断开电线束插接器，掰开塑料卡子，取出发动机控制单元
		取下流水槽胶条、发动机舱盖导水板，取下室外温度开关
		断开刮水器电动机插接器，拆卸刮水器联动机构固定螺栓
		将刮水器电动机前方线束及插接器移开，并取下刮水器联动机构
		拆卸刮水器电动机与联动机构固定螺栓，取下刮水器电动机
		拆卸刮水器电动机摇臂轴固定螺栓，取下摇臂
安装刮水器联动机构		安装刮水器电动机摇臂，并紧固固定螺栓（刮水器电动机只有一个初始位置，安装摇臂时保证其处于初始位置）
		将刮水器联动机构总成安装回原位置，并安装 3 颗固定螺栓
		将刮水器电动机与联动机构结合，并紧固固定螺栓至 10 N · m
		安装室外温度开关、发动机舱盖导水板及集水槽胶条
		安装发动机控制单元，连接插接器并安装防水盖板
		将刮水器电动机前方线束及插接器按原位置装回，并连接刮水器电动机插接器
安装附件及检查		安装刮水器臂固定螺栓护盖
		按原位置安装刮水器臂，并紧固固定螺栓
		打开刮水器开关，测试挡位功能，检查刮水器工作是否正常
整理现场		撤下三件套，整理工具及现场卫生
		撤去翼子板布，关闭发动机舱盖

五、检查

（一）自检

结合本组任务操作，对任务执行过程的操作规范性进行检查，检查操作过程中是否存在以下问题，分析讨论应如何避免这些问题并总结规范的操作方法（见表 20-3）。

表 20-3 自检

检查项目	结果
车辆停放位置是否合适，是否将变速器置于空挡并拉紧驻车制动器	是 □ 否 □
是否使用三件套对车辆进行防护	是 □ 否 □

续表

检查项目	结果
是否损坏刮水器或胶条	是 □　否 □
是否正确使用工具、设备	是 □　否 □
拆卸部件是否正确安装到位	是 □　否 □
螺栓是否按照维修手册规定力矩拧紧	是 □　否 □
刮水器工作是否正常	是 □　否 □
工作场地是否清洁，车辆是否复位	是 □　否 □

（二）互检

组与组之间相互进行任务操作过程及结果检查，并将检查结果填写在表 20–4 中。

表 20–4　互检

检查项目	结果
车辆停放位置是否合适，是否将变速器置于空挡并拉紧驻车制动器	是 □　否 □
是否使用三件套对车辆进行防护	是 □　否 □
是否损坏刮水器或胶条	是 □　否 □
是否正确使用工具、设备	是 □　否 □
拆卸部件是否正确安装到位	是 □　否 □
螺栓是否按照维修手册规定力矩拧紧	是 □　否 □
刮水器工作是否正常	是 □　否 □
工作场地是否清洁，车辆是否复位	是 □　否 □

六、课堂小结

____

____

____

任务二十一　行李舱盖、尾灯及备胎拆装

<table>
<tr><td colspan="7">行李舱盖、尾灯及备胎拆装任务工单</td></tr>
<tr><td>客户信息</td><td>姓名</td><td colspan="2"></td><td>电话</td><td colspan="2"></td></tr>
<tr><td rowspan="2">车辆信息</td><td colspan="2">车型</td><td colspan="2">VIN 码</td><td colspan="2">行驶里程</td></tr>
<tr><td colspan="2"></td><td colspan="2"></td><td colspan="2"></td></tr>
<tr><td>客户描述</td><td colspan="6">散热器面罩、前保险杠及前照灯 □　散热器 □　喇叭 □
发动机舱盖 □　后视镜 □　后保险杠 □
前车门 □　前门玻璃 □　后车门 □
后门玻璃 □　全车座椅、前部安全带、地胶 □　全车锁 □
前部座椅 □　蓄电池及玻璃清洗系统 □　刮水器电动机 □
进气歧管、喷油器 □　翼子板及内衬 □　正时传动带 □
行李舱盖、尾灯、备胎 □　工作台、暖风水箱 □　发动机舱盖锁 □
离合器拉线 □　后部安全带 □　发动机及变速器支架 □
制动总泵 □　发电机、传动带 □　起动机 □
其他：</td></tr>
<tr><td colspan="3">车辆外观检查</td><td colspan="4">车辆内部检查</td></tr>
<tr><td>凹凸 □</td><td colspan="2" rowspan="4"></td><td>污渍 □</td><td colspan="3" rowspan="4"></td></tr>
<tr><td>划痕 □</td><td>破损 □</td></tr>
<tr><td>石击 □</td><td>色斑 □</td></tr>
<tr><td>油漆 □</td><td>变形 □</td></tr>
<tr><td>明确具体工作任务</td><td colspan="6"></td></tr>
<tr><td>任务目标</td><td colspan="6">● 能够独立规范地对汽车行李舱盖、尾灯及备胎进行拆装
● 能够举一反三，对不同品牌车辆的附件进行拆装
● 能够解答客户提出的疑问</td></tr>
</table>

续表

	● 工具、设备准备 ● 汽车行李舱盖、尾灯及备胎拆装具体操作步骤
	● 汽车行李舱盖、尾灯及备胎拆装具体操作方法 ● 工具、设备准备
	● 汽车行李舱盖、尾灯及备胎拆装具体操作方法

一、任务准备

在下列图片中勾选出完成本任务所需的工具、设备、资料等。

三件套	内六角扳手	翼子板布	工作台
抹布	工具车	工具套件	旋具套装
举升机	行李舱锁芯及钥匙	实训车辆	维修手册

二、防护措施

（一）个人安全防护

➢ 维修人员必须穿工作服、戴工作帽、穿工作鞋，工作服纽扣、拉链及皮带扣应藏于衣服内侧，袖口、领口、裤脚扣紧，佩戴手套，女生的长发要盘起塞在工作帽内。

➢ 维修人员在进入车间前应摘掉手表、戒指、项链、耳环等金属首饰。

➢ 维修人员在进行车辆维修操作时，应防止车轮压伤脚部、车门夹伤手部、热的发动机烫伤手部或发动机传动带绞伤手部等。

➢ 在搬运重物及尖锐器物时应注意动作姿势，防止扭伤腰部、砸伤脚部或划伤手部等。

（二）车辆、台架等设备安全防护

➢ 车辆进入车间内，应停放至指定地点，关闭发动机，将变速器置于空挡并拉紧驻车制动器，将台架的滑轮锁死或用木块将其固定。

➢ 维修操作前，应铺设三件套及翼子板布，发动机启动前应确保其他实训人员远离车辆，并连接尾排。

➢ 操作电气设备应注意用电安全，作业结束之后，应及时切断一切用电设备的电源。

➢ 操作前应熟读维修手册中的操作标准和台架、仪器、设备使用标准，并做好日常维护工作。

（三）车间场地安全防护

➢ 车间应配有干粉灭火器及相应消防措施，易燃油品应存放在密封的金属罐中。

➢ 应时刻注意车间内的工具、配件、设备、车辆等是否摆放整齐。

➢ 车间内设备、车辆周围的人行道和工作区域必须保证足够的安全空间。

➢ 操作过程中应做到工具、配件、油污三不落地，作业完毕应及时清理车间工作场地，做到现场5S 管理。

三、任务分配（见表 21-1）

表 21-1　任务分配表

职务	代码	姓名	工作内容
组长	A		监督、管理组员工作
组员	B		准备实训所需车辆及配件
	C		
	D		准备实训所需工具、设备及手册
	E		

四、任务实施

完成下面操作步骤的排序，将正确的序号填写在表 21-2 中。

表 21-2 行李舱盖、尾灯及备胎拆装操作步骤

项目	步骤	工作内容
安全防护和准备工作		铺设三件套
		打开行李舱盖
拆卸行李舱锁		拆卸行李舱锁塑料护板，并断开电动机插接器及锁机构挂钩
		拆卸行李舱锁及电动机固定螺栓，并取下电动机及固定板
		向上推，将行李舱锁从行李舱上取下
拆卸行李舱盖		两名操作人员分别用手托住行李舱盖两侧下部边角，拆卸行李舱盖两侧固定螺栓，将行李舱抬下
		拆卸行李舱锁及电动机固定螺栓，并取下锁及电动机
		拆卸行李舱盖上雾灯总成固定螺栓，并取下雾灯总成
		拆卸行李舱开关
		拆卸行李舱锁塑料护板，断开各插接器，并将线束从行李舱盖中取出
拆卸尾灯总成		取下尾灯线束护罩，并断开线束插接器
		拆卸尾灯 4 颗固定螺栓，并将尾灯总成取下
拆卸备胎		拆卸备胎固定螺栓，取出备胎
		取出行李舱内底部饰板
拆卸后保险杠		分别将后保险杠两侧与翼子板固定部位拉开，并取下后保险杠
		将车辆降至合适高度
		举升车辆至合适高度并挂上保险，使用十字旋具拆卸后保险杠下部 2 颗固定螺栓，并拔下后牌照灯插接器
		使用十字旋具拆卸后保险杠两侧与翼子板固定的 4 颗螺栓
安装后保险杠		使用十字旋具安装保险杠两侧 4 颗固定螺栓
		安装保险杠正面，使卡子插入卡槽，然后安装保险杠侧面，使侧面卡子安装到位
		举升车辆至合适高度并挂上保险，使用十字旋具安装保险杠下部 2 颗固定螺栓，并将后牌照灯插接器安装到位
		将车辆降至地面位置
		将后保险杠安装至原位置
安装备胎		将备胎放置在行李舱内原位置，并紧固固定螺栓
		安装行李舱内底部饰板
安装尾灯总成		连接线束插接器，并安装线束护罩
		将尾灯总成安装回原位置，并紧固 4 颗固定螺栓
		检查后部灯光工作是否正常
安装行李舱盖		安装行李舱盖上雾灯总成，并紧固固定螺栓
		将线束装入行李舱盖，并连接行李舱锁及雾灯插接器
		两名操作人员分别用手托住行李舱盖两侧下部边角，将行李舱盖安装回原位置，并预紧固定螺栓
		调整行李舱盖与两侧翼子板之间的间隙，并紧固固定螺栓
		安装开关、行李舱锁及电动机，并紧固固定螺栓

续表

项目	步骤	工作内容
安装行李舱锁		安装电动机固定板及电动机，并紧固固定螺栓
		将行李舱锁安装在行李舱原位置
		使用钥匙打开行李舱盖，检查行李舱锁及电动机工作是否正常
		连接锁机构挂钩及电动机插接器，安装并紧固塑料护板
整理现场		撤去翼子板布
		撤去三件套，整理工具及现场卫生

五、检查

（一）自检

结合本组任务操作，对任务执行过程的操作规范性进行检查，检查操作过程中是否存在以下问题，分析讨论应如何避免这些问题并总结规范的操作方法（见表 21–3）。

表 21–3　自检

检查项目	结果
车辆停放位置是否合适，是否将变速器置于空挡并拉紧驻车制动器	是 □　否 □
是否使用三件套对车辆进行防护	是 □　否 □
是否损坏汽车后保险杠、行李舱盖、行李舱锁、尾灯总成	是 □　否 □
是否正确使用工具、设备	是 □　否 □
尾部灯光工作是否正常	是 □　否 □
行李舱盖是否正常合锁	是 □　否 □
拆卸部件是否正确安装到位	是 □　否 □
螺栓是否按照维修手册规定力矩拧紧	是 □　否 □
工作场地是否清洁，车辆是否复位	是 □　否 □

（二）互检

组与组之间相互进行任务操作过程及结果检查，并将检查结果填写在表 21–4 中。

表 21–4　互检

检查项目	结果
车辆停放位置是否合适，是否将变速器置于空挡并拉紧驻车制动器	是 □　否 □
是否使用三件套对车辆进行防护	是 □　否 □
是否损坏汽车后保险杠、行李舱盖、行李舱锁、尾灯总成	是 □　否 □

续表

检查项目	结果
是否正确使用工具、设备	是 □ 否 □
尾部灯光工作是否正常	是 □ 否 □
行李舱盖是否正常合锁	是 □ 否 □
拆卸部件是否正确安装到位	是 □ 否 □
螺栓是否按照维修手册规定力矩拧紧	是 □ 否 □
工作场地是否清洁，车辆是否复位	是 □ 否 □

六、课堂小结

____

____

____

任务二十二　前门玻璃、玻璃升降器拆装

<table>
<tr><th colspan="6">前门玻璃、玻璃升降器拆装任务工单</th></tr>
<tr><td>客户信息</td><td>姓名</td><td colspan="2"></td><td>电话</td><td></td></tr>
<tr><td rowspan="2">车辆信息</td><td colspan="2">车型</td><td colspan="2">VIN 码</td><td>行驶里程</td></tr>
<tr><td colspan="2"></td><td colspan="2"></td><td></td></tr>
<tr><td>客户描述</td><td colspan="5">散热器面罩、前保险杠及前照灯 □　散热器 □　喇叭 □
发动机舱盖 □　后视镜 □　后保险杠 □
前车门 □　前门玻璃 □　后车门 □
后门玻璃 □　全车座椅、前部安全带、地胶 □　全车锁 □
前部座椅 □　蓄电池及玻璃清洗系统 □　刮水器电动机 □
进气歧管、喷油器 □　翼子板及内衬 □　正时传动带 □
行李舱盖、尾灯、备胎 □　工作台、暖风水箱 □　发动机舱盖锁 □
离合器拉线 □　后部安全带 □　发动机及变速器支架 □
制动总泵 □　发电机、传动带 □　起动机 □
其他：</td></tr>
<tr><th colspan="3">车辆外观检查</th><th colspan="3">车辆内部检查</th></tr>
<tr><td>凹凸 □
划痕 □
石击 □
油漆 □</td><td colspan="2"></td><td>污渍 □
破损 □
色斑 □
变形 □</td><td colspan="2"></td></tr>
<tr><td>明确具体工作任务</td><td colspan="5"></td></tr>
</table>

任务目标

- 能够独立规范地对前门玻璃、玻璃升降器进行拆装
- 能够举一反三，对不同品牌车辆的附件进行拆装
- 能够解答客户提出的疑问

续表

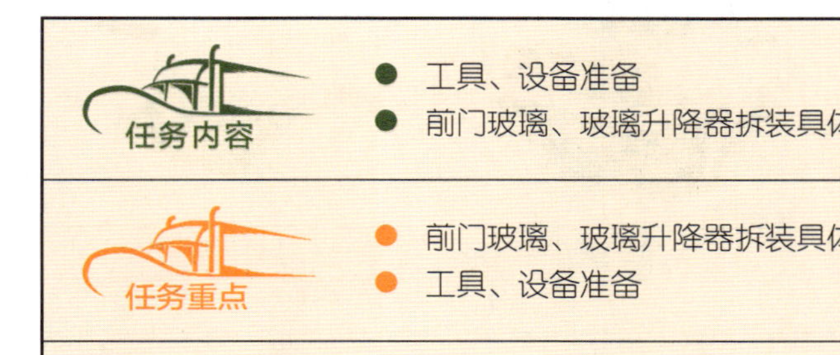

任务内容	● 工具、设备准备 ● 前门玻璃、玻璃升降器拆装具体操作步骤
任务重点	● 前门玻璃、玻璃升降器拆装具体操作方法 ● 工具、设备准备
任务难点	● 前门玻璃、玻璃升降器拆装具体操作方法

一、任务准备

在下列图片中勾选出完成本任务所需的工具、设备、资料等。

扭力扳手	撬板	翼子板布	吹尘枪
抹布	工具车	工具套件	内六角扳手
鲤鱼钳	配件车	三件套	旋具套装

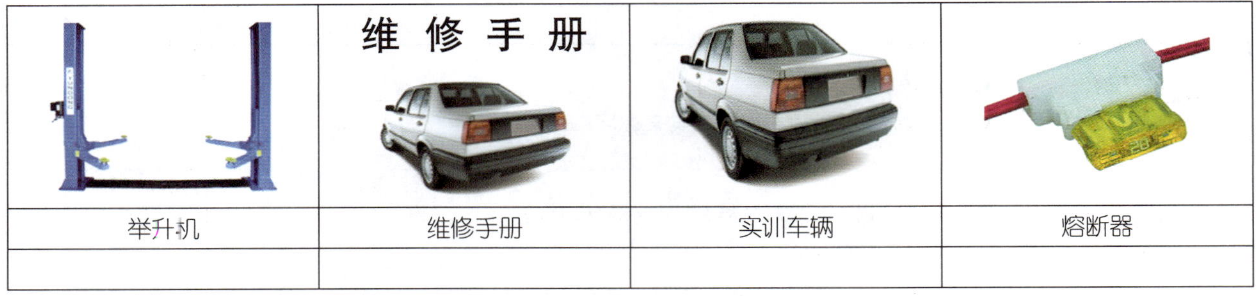

举升机	维修手册	实训车辆	熔断器

二、防护措施

（一）个人安全防护

➢ 维修人员必须穿工作服、戴工作帽、穿工作鞋，工作服纽扣、拉链及皮带扣应藏于衣服内侧，袖口、领口、裤脚扣紧，佩戴手套，女生的长发要盘起塞在工作帽内。

➢ 维修人员在进入车间前应摘掉手表、戒指、项链、耳环等金属首饰。

➢ 维修人员在进行车辆维修操作时，应防止车轮压伤脚部、车门夹伤手部、热的发动机烫伤手部或发动机传动带绞伤手部等。

➢ 在搬运重物及尖锐器物时应注意动作姿势，防止扭伤腰部、砸伤脚部或划伤手部等。

（二）车辆、台架等设备安全防护

➢ 车辆进入车间内，应停放至指定地点，关闭发动机，将变速器置于空挡并拉紧驻车制动器，将台架的滑轮锁死或用木块将其固定。

➢ 维修操作前，应铺设三件套及翼子板布，发动机启动前应确保其他实训人员远离车辆，并连接尾排。

➢ 操作电气设备应注意用电安全，作业结束之后，应及时切断一切用电设备的电源。

➢ 操作前应熟读维修手册中的操作标准和台架、仪器、设备使用标准，并做好日常维护工作。

（三）车间场地安全防护

➢ 车间应配有干粉灭火器及相应消防措施，易燃油品应存放在密封的金属罐中。

➢ 应时刻注意车间内的工具、配件、设备、车辆等是否摆放整齐。

➢ 车间内设备、车辆周围的人行道和工作区域必须保证足够的安全空间。

➢ 操作过程中应做到工具、配件、油污三不落地，作业完毕应及时清理车间工作场地，做到现场5S管理。

三、任务分配（见表22-1）

表22-1 任务分配表

职务	代码	姓名	工作内容
组长	A		监督、管理组员工作
组员	B		准备实训所需车辆及配件
	C		

续表

职务	代码	姓名	工作内容
组员	D		准备实训所需工具、设备及手册
	E		

四、任务实施

完成下面操作步骤的排序，将正确的序号填写在表 22-2 中。

表 22-2 前门玻璃、玻璃升降器拆装操作步骤

项目	步骤	工作内容
安全防护和准备工作		铺设三件套
		准备工具车及配件车
拆卸内饰板		使用专用撬板撬开内饰板右侧卡子，并拆卸后视镜调整杆塑料帽及防尘套
		使用十字旋具拆卸内饰板两侧 3 颗螺栓
		拆下门锁提钮，将内饰板取下，并断开玻璃升降开关插接器
		向上抬起内饰板下方，使其脱离固定位置，撬起内饰板下方
		使用一字旋具将内饰板上手柄的饰条撬下，并使用 T30 扳手拆卸 2 颗固定螺栓，取下手柄及螺栓
		使用撬板将内饰板上方的三角饰板拆下
拆卸前门玻璃及玻璃升降器		调整玻璃至合适高度，使用 10 mm 套管拆卸玻璃升降器与玻璃连接的 2 颗固定螺栓
		接入玻璃升降器开关插接器，将玻璃降至最低，拆卸玻璃密封条及内饰板压条
		调整玻璃至合适高度，断开开关插接器，将玻璃向上提起，慢慢倾斜，取出玻璃
		断开玻璃升降器插接器，并使用 10 mm 套管拆卸玻璃升降器电动机 3 颗螺栓和玻璃导轨 4 颗螺栓，并将玻璃升降器总成取出
安装前门玻璃及玻璃升降器		将玻璃升降器总成装入门内，并按照原位置摆放玻璃导轨及玻璃升降器电动机；使用 10 mm 套管安装电动机 3 颗螺栓和玻璃导轨 4 颗螺栓，紧固至 10 N·m，并连接插接器
		装入内饰板压条，并装入玻璃密封条
		使用 10 mm 套管安装玻璃升降器与玻璃连接的 2 颗固定螺栓
		接入玻璃升降器开关，升降玻璃，检查玻璃升降是否平顺无干涉
		将玻璃倾斜，慢慢放入门中并调整角度，使玻璃插入玻璃导轨，并慢慢插入玻璃升降器固定位置
安装内饰板		安装内饰板上方三角饰板
		使用十字旋具安装内饰板两侧 3 颗螺栓，并安装内开手柄外框
		使用 T30 扳手安装内饰板手柄上 2 颗固定螺栓，并安装手柄饰板
		向上抬起内饰板，将内饰板下方卡入固定位置
		连接玻璃升降器开关插接器，并将内饰板按原位置装回，安装门锁提钮
		将后视镜调整杆防尘套及塑料帽安装在内饰板上，并安装内饰板左侧卡子

续表

项目	步骤	工作内容
检查与整理现场		整理工具及现场卫生
		撤去三件套
		再次升降玻璃，检查其工作是否正常

五、检查

（一）自检

结合本组任务操作，对任务执行过程的操作规范性进行检查，检查操作过程中是否存在以下问题，分析讨论应如何避免这些问题并总结规范的操作方法（见表 22-3）。

表 22-3　自检

检查项目	结果
车辆停放位置是否合适，是否将变速器置于空挡并拉紧驻车制动器	是 □　否 □
是否使用三件套对车辆进行防护	是 □　否 □
是否损坏汽车前车门、内饰板、玻璃及玻璃升降器	是 □　否 □
是否正确使用工具、设备	是 □　否 □
是否存在安全隐患	是 □　否 □
拆卸部件是否正确安装到位	是 □　否 □
螺栓是否按照维修手册规定力矩拧紧	是 □　否 □
玻璃是否正常升降	是 □　否 □
工作场地是否清洁，车辆是否复位	是 □　否 □

（二）互检

组与组之间相互进行任务操作过程及结果检查，并将检查结果填写在表 22-4 中。

表 22-4　互检

检查项目	结果
车辆停放位置是否合适，是否将变速器置于空挡并拉紧驻车制动器	是 □　否 □
是否使用三件套对车辆进行防护	是 □　否 □
是否损坏汽车前车门、内饰板、玻璃及玻璃升降器	是 □　否 □
是否正确使用工具、设备	是 □　否 □
是否存在安全隐患	是 □　否 □
拆卸部件是否正确安装到位	是 □　否 □
螺栓是否按照维修手册规定力矩拧紧	是 □　否 □
玻璃是否正常升降	是 □　否 □
工作场地是否清洁，车辆是否复位	是 □　否 □

六、课堂小结

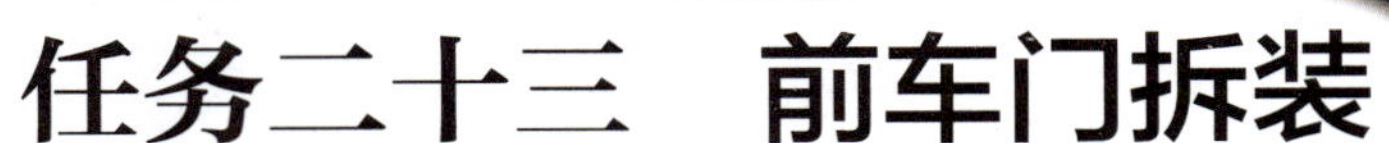

任务二十三　前车门拆装

前车门拆装任务工单					
客户信息	姓名		电话		
车辆信息	车型		VIN 码		行驶里程
客户描述	散热器面罩、前保险杠及前照灯 □ 发动机舱盖 □ 前车门 □ 后门玻璃 □ 前部座椅 □ 进气歧管、喷油器 □ 行李舱盖、尾灯、备胎 □ 离合器拉线 □ 制动总泵 □ 其他：		散热器 □ 后视镜 □ 前门玻璃 □ 全车座椅、前部安全带、地胶 □ 蓄电池及玻璃清洗系统 □ 翼子板及内衬 □ 工作台、暖风水箱 □ 后部安全带 □ 发电机、传动带 □		喇叭 □ 后保险杠 □ 后车门 □ 全车锁 □ 刮水器电动机 □ 正时传动带 □ 发动机舱盖锁 □ 发动机及变速器支架 □ 起动机 □
车辆外观检查			车辆内部检查		
凹凸 □ 划痕 □ 石击 □ 油漆 □			污渍 □ 破损 □ 色斑 □ 变形 □		
明确具体工作任务					

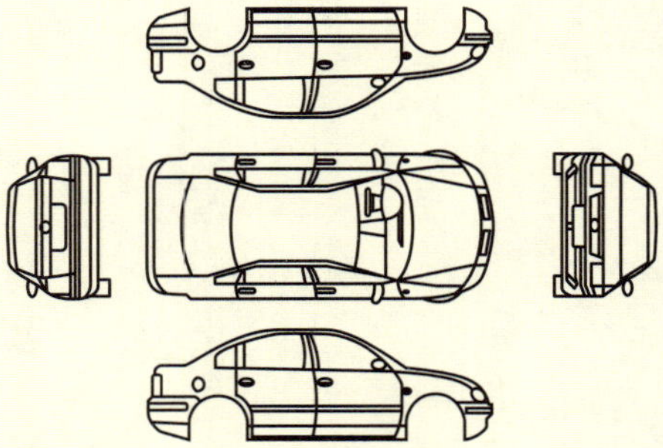

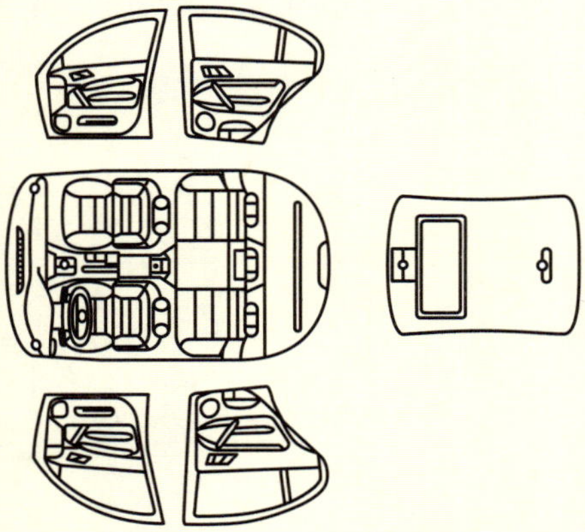

任务目标

- 能够独立规范地对前车门进行拆装
- 能够举一反三，对不同品牌车辆的附件进行拆装
- 能够解答客户提出的疑问

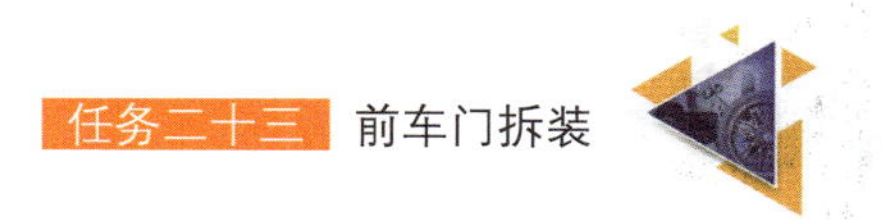

续表

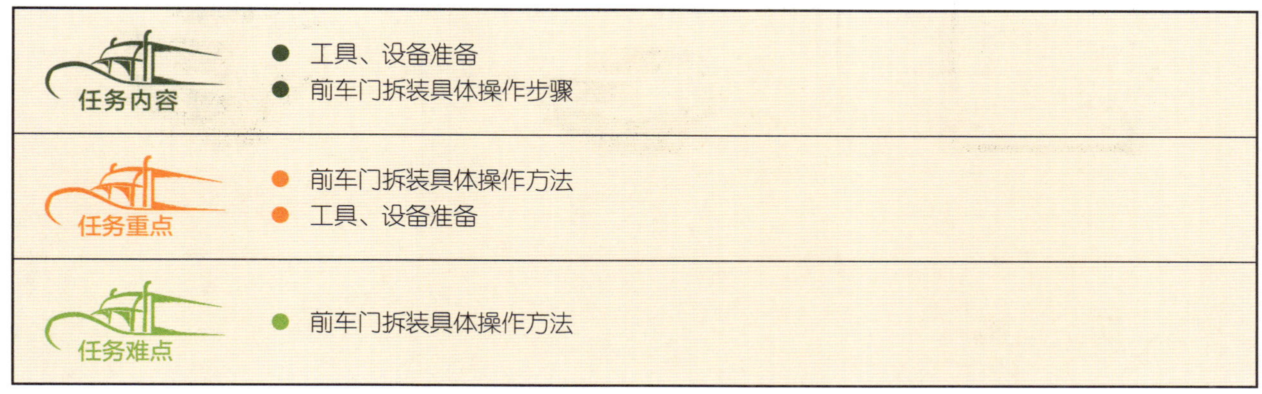

任务内容	● 工具、设备准备 ● 前车门拆装具体操作步骤
任务重点	● 前车门拆装具体操作方法 ● 工具、设备准备
任务难点	● 前车门拆装具体操作方法

一、任务准备

在下列图片中勾选出完成本任务所需的工具、设备、资料等。

扭力扳手	撬板	翼子板布	吹尘枪
抹布	工具车	工具套件	内六角扳手
鲤鱼钳	配件车	三件套	旋具套装

举升机	维修手册	实训车辆

二、防护措施

（一）个人安全防护

➢ 维修人员必须穿工作服、戴工作帽、穿工作鞋，工作服纽扣、拉链及皮带扣应藏于衣服内侧，袖口、领口、裤脚扣紧，佩戴手套，女生的长发要盘起塞在工作帽内。

➢ 维修人员在进入车间前应摘掉手表、戒指、项链、耳环等金属首饰。

➢ 维修人员在进行车辆维修操作时，应防止车轮压伤脚部、车门夹伤手部、热的发动机烫伤手部或发动机传动带绞伤手部等。

➢ 在搬运重物及尖锐器物时应注意动作姿势，防止扭伤腰部、砸伤脚部或划伤手部等。

（二）车辆、台架等设备安全防护

➢ 车辆进入车间内，应停放至指定地点，关闭发动机，将变速器置于空挡并拉紧驻车制动器，将台架的滑轮锁死或用木块将其固定。

➢ 维修操作前，应铺设三件套及翼子板布，发动机启动前应确保其他实训人员远离车辆，并连接尾排。

➢ 操作电气设备应注意用电安全，作业结束之后，应及时切断一切用电设备的电源。

➢ 操作前应熟读维修手册中的操作标准和台架、仪器、设备使用标准，并做好日常维护工作。

（三）车间场地安全防护

➢ 车间应配有干粉灭火器及相应消防措施，易燃油品应存放在密封的金属罐中。

➢ 应时刻注意车间内的工具、配件、设备、车辆等是否摆放整齐。

➢ 车间内设备、车辆周围的人行道和工作区域必须保证足够的安全空间。

➢ 操作过程中应做到工具、配件、油污三不落地，作业完毕应及时清理车间工作场地，做到现场5S管理。

三、任务分配（见表23-1）

表23-1　任务分配表

职务	代码	姓名	工作内容
组长	A		监督、管理组员工作
组员	B		准备实训所需工具、设备及手册
	C		

续表

职务	代码	姓名	工作内容
组员	D		准备实训所需车辆及配件
	E		

四、任务实施

完成下面操作步骤的排序，将正确的序号填写在表 23-2 中。

表 23-2　前车门拆装操作步骤

项目	步骤	工作内容
安全防护和准备工作		铺设三件套
		准备工具车及配件车
拆卸门锁		用力向左侧推内开手柄护壳，即可将内开手柄取下，并将挂钩从内开手柄上取下
		使用一字旋具将门锁侧面上的黑色胶垫撬开，用内六角扳手拆卸里面的外开手柄固定螺栓，向右侧拉动外开手柄，将外开手柄取下
		使用内六角扳手拆卸门锁上 2 颗固定螺栓，将门锁取下
		使用十字旋具拆卸中控电动机上的 2 颗固定螺栓，并断开中控电动机插接器，取下中控电动机
		将门上的防尘垫慢慢撕开，注意不要撕坏
拆卸玻璃及玻璃升降器		调整玻璃至合适高度，断开开关插接器，将玻璃向上提起，慢慢倾斜，取出玻璃
		调整玻璃至合适高度，使用 10 mm 套管拆卸玻璃升降器与玻璃连接的 2 颗固定螺栓
		断开玻璃升降器插接器，使用 10 mm 套管拆卸玻璃升降器电动机 3 颗螺栓和玻璃导轨 4 颗螺栓，并将玻璃升降器总成取出
		接入玻璃升降器开关插接器，将玻璃降至最低，拆卸玻璃密封条及内饰板压条
拆卸限位器及线束		取下限位器护罩，使用 10 mm 套管拆卸限位杆及限位器固定螺栓，取下限位器
		使用 10 mm 套管拆卸玻璃导轨 2 颗固定螺栓，取出玻璃导轨
		使用撬板将车门上的线束固定卡子全部挑开
		将线束从车门侧边抽出
		拆卸门外侧塑料盖，使用 13 mm 套管拆卸门内防撞梁两侧固定螺栓，取出防撞梁
拆卸车门		辅助人员托住车门
		用 15 mm 套管拆卸车门合页上的固定螺栓，将车门取下
安装车门		辅助人员托住车门
		将车门按原位置装回，使用 15 mm 套管安装紧固门铰链固定螺栓至 30 N · m
安装限位器及线束		将防撞梁安装至原位置，使用 13 mm 套管紧固固定螺栓至 30 N · m，并安装塑料盖
		将线束从车门侧边插进门内，并将橡胶套安装到位
		将玻璃导轨安装至原位置，并使用 10 mm 套管紧固固定螺栓至 10 N · m
		将限位器按原位置装回，使用 10 mm 套管安装紧固固定螺栓，并安装限位器护罩
		按原位置将线束固定在车门上

续表

项目	步骤	工作内容
安装玻璃及玻璃升降器		将玻璃升降器总成装入门内，并按照原位置摆放玻璃导轨及玻璃升降器电动机；使用 10 mm 套管安装电动机 3 颗螺栓和玻璃导轨 4 颗螺栓，紧固至 10 N · m，并连接插接器
		使用 10 mm 套管安装紧固玻璃升降器与玻璃连接的 2 颗固定螺栓
		将玻璃倾斜，慢慢放入门中并调整角度，使玻璃插入玻璃导轨，并慢慢插入玻璃升降器固定位置
		装入内饰板压条，并装入玻璃密封条
		接入玻璃升降器开关，升降玻璃，检查玻璃升降是否平顺无干涉，若无问题则断开玻璃升降器开关
安装门锁		安装门锁，将门锁开关插入塑料卡子中，并使用内六角扳手安装紧固 2 颗固定螺栓至 20 N · m
		将外开手柄按原位置装回，用力向左推动，推动时注意内开手柄要与门锁结合上，用内六角扳手安装外开手柄固定螺栓，并将黑色胶垫贴好
		连接中控锁插接器，将中控锁电动机按原位置装回，将中控锁手动开关插入安装孔内，将塑料卡子插入安装位置，使用十字旋具安装紧固 2 颗固定螺栓
		将内开手柄与挂钩结合，安装至原位置，用力向右推动将内开手柄固定
检查与整理现场		撤去三件套，整理工具及现场卫生
		开关车门并锁住车门，检查内开手柄、外开手柄及中控锁工作是否正常
		再次升降玻璃，检查其工作是否正常

五、检查

（一）自检

结合本组任务操作，对任务执行过程的操作规范性进行检查，检查操作过程中是否存在以下问题，分析讨论应如何避免这些问题并总结规范的操作方法（见表 23–3）。

表 23–3　自检

检查项目	结果
车辆停放位置是否合适，是否将变速器置于空挡并拉紧驻车制动器	是 □　否 □
是否使用三牛套对车辆进行防护	是 □　否 □
是否损坏汽车前车门、内饰板、玻璃、线束及后视镜	是 □　否 □
是否正确使用工具、设备	是 □　否 □
是否存在安全隐患	是 □　否 □
拆卸部件是否正确安装到位	是 □　否 □
螺栓是否按照维修手册规定力矩拧紧	是 □　否 □
工作场地是否清洁，车辆是否复位	是 □　否 □

（二）互检

组与组之间相互进行任务操作过程及结果检查，并将检查结果填写在表 23-4 中。

表 23-4 互检

检查项目	结果
车辆停放位置是否合适，是否将变速器置于空挡并拉紧驻车制动器	是□ 否□
是否使用三件套对车辆进行防护	是□ 否□
是否损坏汽车前车门、内饰板、玻璃、线束及后视镜	是□ 否□
是否正确使用工具、设备	是□ 否□
是否存在安全隐患	是□ 否□
拆卸部件是否正确安装到位	是□ 否□
螺栓是否按照维修手册规定力矩拧紧	是□ 否□
工作场地是否清洁，车辆是否复位	是□ 否□

六、课堂小结

____

____

____

任务二十四　后视镜、车门锁拆装

<table>
<tr><th colspan="7">后视镜、车门锁拆装任务工单</th></tr>
<tr><td>客户信息</td><td>姓名</td><td colspan="2"></td><td>电话</td><td colspan="2"></td></tr>
<tr><td rowspan="2">车辆信息</td><td colspan="2">车型</td><td colspan="2">VIN 码</td><td colspan="2">行驶里程</td></tr>
<tr><td colspan="2"></td><td colspan="2"></td><td colspan="2"></td></tr>
<tr><td>客户描述</td><td colspan="6">散热器面罩、前保险杠及前照灯 □　散热器 □　喇叭 □
发动机舱盖 □　后视镜 □　后保险杠 □
前车门 □　前门玻璃 □　后车门 □
后门玻璃 □　全车座椅、前部安全带、地胶 □　全车锁 □
前部座椅 □　蓄电池及玻璃清洗系统 □　刮水器电动机 □
进气歧管、喷油器 □　翼子板及内衬 □　正时传动带 □
行李舱盖、尾灯、备胎 □　工作台、暖风水箱 □　发动机舱盖锁 □
离合器拉线 □　后部安全带 □　发动机及变速器支架 □
制动总泵 □　发电机、传动带 □　起动机 □
其他：</td></tr>
<tr><th colspan="3">车辆外观检查</th><th colspan="4">车辆内部检查</th></tr>
<tr><td>凹凸 □
划痕 □
石击 □
油漆 □</td><td colspan="2"></td><td>污渍 □
破损 □
色斑 □
变形 □</td><td colspan="3"></td></tr>
<tr><td>明确具体工作任务</td><td colspan="6"></td></tr>
<tr><td>任务目标</td><td colspan="6">● 能够独立规范地对后视镜、车门锁进行拆装
● 能够举一反三，对不同品牌车辆的附件进行拆装
● 能够解答客户提出的疑问</td></tr>
</table>

续表

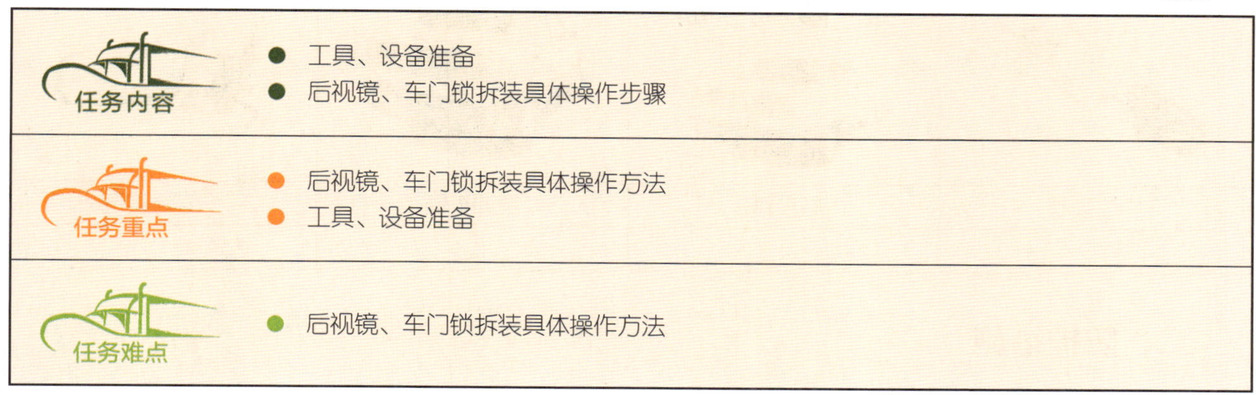

任务内容	● 工具、设备准备 ● 后视镜、车门锁拆装具体操作步骤
任务重点	● 后视镜、车门锁拆装具体操作方法 ● 工具、设备准备
任务难点	● 后视镜、车门锁拆装具体操作方法

一、任务准备

在下列图片中勾选出完成本任务所需的工具、设备、资料等。

扭力扳手	撬板	翼子板布	吹尘枪
抹布	工具车	工具套件	内六角扳手
鲤鱼钳	配件车	三件套	旋具套装

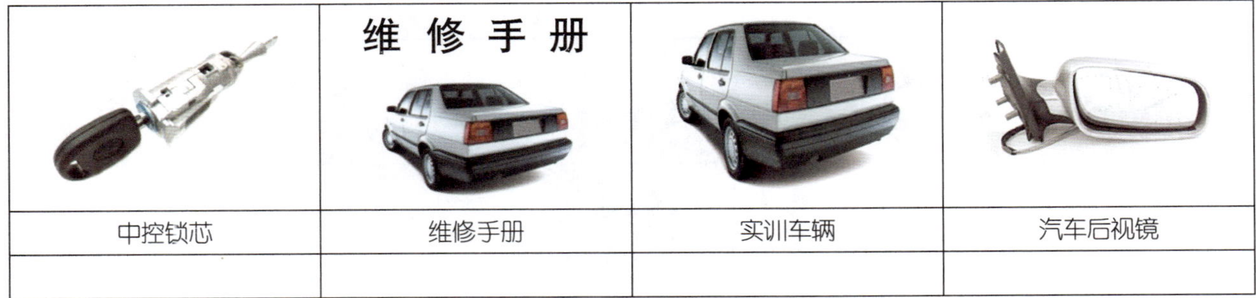

中控锁芯	维修手册	实训车辆	汽车后视镜

二、防护措施

（一）个人安全防护

➢ 维修人员必须穿工作服、戴工作帽、穿工作鞋，工作服纽扣、拉链及皮带扣应藏于衣服内侧，袖口、领口、裤脚扣紧，佩戴手套，女生的长发要盘起塞在工作帽内。

➢ 维修人员在进入车间前应摘掉手表、戒指、项链、耳环等金属首饰。

➢ 维修人员在进行车辆维修操作时，应防止车轮压伤脚部、车门夹伤手部、热的发动机烫伤手部或发动机传动带绞伤手部等。

➢ 在搬运重物及尖锐器物时应注意动作姿势，防止扭伤腰部、砸伤脚部或划伤手部等。

（二）车辆、台架等设备安全防护

➢ 车辆进入车间内，应停放至指定地点，关闭发动机，将变速器置于空挡并拉紧驻车制动器，将台架的滑轮锁死或用木块将其固定。

➢ 维修操作前，应铺设三件套及翼子板布，发动机启动前应确保其他实训人员远离车辆，并连接尾排。

➢ 操作电气设备应注意用电安全，作业结束之后，应及时切断一切用电设备的电源。

➢ 操作前应熟读维修手册中的操作标准和台架、仪器、设备使用标准，并做好日常维护工作。

（三）车间场地安全防护

➢ 车间应配有干粉灭火器及相应消防措施，易燃油品应存放在密封的金属罐中。

➢ 应时刻注意车间内的工具、配件、设备、车辆等是否摆放整齐。

➢ 车间内设备、车辆周围的人行道和工作区域必须保证足够的安全空间。

➢ 操作过程中应做到工具、配件、油污三不落地，作业完毕应及时清理车间工作场地，做到现场5S管理。

三、任务分配（见表24-1）

表24-1　任务分配表

职务	代码	姓名	工作内容
组长	A		监督、管理组员工作
组员	B		准备实训所需车辆及配件
	C		

续表

职务	代码	姓名	工作内容
组员	D		准备实训所需工具、设备及手册
	E		

四、任务实施

完成下面操作步骤的排序，将正确的序号填写在表 24–2 和表 24–3 中。

表 24–2　后视镜拆装操作步骤

项目	步骤	工作内容
安全防护和准备工作		准备工具车及配件车
		铺设三件套
拆卸内饰板		将门上的防尘垫慢慢撕下，注意不要撕坏
		使用十字旋具拆卸内饰板两侧 3 颗螺栓
		向上抬起内饰板下方，使其脱离固定位置，撬起内饰板下方
		拆卸门锁提钮，将内饰板取下，并断开玻璃升降开关插接器
		使用一字旋具将内饰板上手柄的饰条撬下，并使用 T30 扳手拆卸 2 颗固定螺栓，取下手柄及螺栓
拆卸后视镜		将门上的防尘垫慢慢撕开，注意不要撕坏
		用鲤鱼钳拆卸调整杆固定螺栓，将调整杆取下
		使用十字旋具拆卸后视镜 3 颗固定螺栓，并取下后视镜
安装后视镜		将后视镜调整杆安装至原位置，安装时注意固定位置，使用鲤鱼钳安装紧固固定螺栓
		将后视镜安装到原位置，并使用十字旋具紧固 3 颗固定螺栓
		将门上的防尘垫按原位置贴好
安装内饰板		向上抬起内饰板，将内饰板下方卡入固定位置
		使用 T30 扳手安装内饰板手柄上 2 颗固定螺栓，并安装手柄饰板
		使用十字旋具安装内饰板两侧 3 颗螺栓，并安装内开手柄外框
		连接玻璃升降器开关插接器，并将内饰板按原位置装回，安装门锁提钮
检查与整理现场		扳动后视镜调整杆，检查后视镜是否能够正常动作
		整理工具及现场卫生
		撤去三件套

表 24–3　车门锁拆装操作步骤

项目	步骤	工作内容
安全防护及准备工作		铺设三件套
		准备工具车及配件车

续表

项目	步骤	工作内容
拆卸驾驶侧和副驾侧车门锁芯		使用一字旋具将门锁侧面上的黑色胶垫撬开，用内六角扳手拆卸里面的外开手柄固定螺栓
		使用小一字旋具将外开手柄上的锁销顶出，将内开手柄与锁芯分离并取下橡胶垫
		向右侧拉动外开手柄，将外开手柄取下
		副驾侧车门锁芯拆卸方法相同
拆卸行李舱锁芯		拆卸行李舱锁塑料护板，并断开电动机插接器及锁机构挂钩
		向上推，将锁芯从行李舱上取下
		拆卸行李舱锁及电动机固定螺栓，并取下电动机及固定板
安装行李舱锁芯		将锁芯安装在行李舱原位置
		连接锁机构挂钩及电动机插接器，安装并紧固塑料护板
		安装电动机固定板及电动机，并紧固固定螺栓
安装驾驶侧和副驾侧车门锁芯		将外开手柄按原位置装回，用力向左推动，推动时注意内开手柄要与门锁结合上
		在锁芯上安装橡胶垫，安装外开手柄并用锁芯固定
		用内六角扳手安装外开手柄固定螺栓，并将黑色胶垫贴好
		副驾侧车门锁芯安装方法相同
检查与现场整理		使用钥匙分别打开车门及行李舱，检查其工作是否正常
		整理工具及现场卫生
		撤去三件套

五、检查

（一）自检

结合本组任务操作，对任务执行过程的操作规范性进行检查，检查操作过程中是否存在以下问题，分析讨论应如何避免这些问题并总结规范的操作方法（见表 24–4）。

表 24–4　自检

检查项目	结果
车辆停放位置是否合适，是否将变速器置于空挡并拉紧驻车制动器	是 □　否 □
是否使用三件套对车辆进行防护	是 □　否 □
是否损坏汽车后视镜、内饰板、玻璃	是 □　否 □
是否正确使用工具、设备	是 □　否 □
是否存在安全隐患	是 □　否 □
拆卸部件是否正确安装到位	是 □　否 □
螺栓是否按照维修手册规定力矩拧紧	是 □　否 □
工作场地是否清洁，车辆是否复位	是 □　否 □

（二）互检

组与组之间相互进行任务操作过程及结果检查，并将检查结果填写在表 24-5 中。

表 24-5 互检

检查项目	结果
车辆停放位置是否合适，是否将变速器置于空挡并拉紧驻车制动器	是□ 否□
是否使用三件套对车辆进行防护	是□ 否□
是否损坏汽车后视镜、内饰板、玻璃	是□ 否□
是否正确使用工具、设备	是□ 否□
是否存在安全隐患	是□ 否□
拆卸部件是否正确安装到位	是□ 否□
螺栓是否按照维修手册规定力矩拧紧	是□ 否□
工作场地是否清洁，车辆是否复位	是□ 否□

六、课堂小结

任务二十五　后车门拆装

<table>
<tr><th colspan="7">后车门拆装任务工单</th></tr>
<tr><td>客户信息</td><td>姓名</td><td colspan="2"></td><td>电话</td><td colspan="2"></td></tr>
<tr><td rowspan="2">车辆信息</td><td colspan="2">车型</td><td colspan="2">VIN 码</td><td colspan="2">行驶里程</td></tr>
<tr><td colspan="2"></td><td colspan="2"></td><td colspan="2"></td></tr>
<tr><td>客户描述</td><td colspan="6">散热器面罩、前保险杠及前照灯 □　散热器 □　喇叭 □
发动机舱盖 □　后视镜 □　后保险杠 □
前车门 □　前门玻璃 □　后车门 □
后门玻璃 □　全车座椅、前部安全带、地胶 □　全车锁 □
前部座椅 □　蓄电池及玻璃清洗系统 □　刮水器电动机 □
进气歧管、喷油器 □　翼子板及内衬 □　正时传动带 □
行李舱盖、尾灯、备胎 □　工作台、暖风水箱 □　发动机舱盖锁 □
离合器拉线 □　后部安全带 □　发动机及变速器支架 □
制动总泵 □　发电机、传动带 □　起动机 □
其他：</td></tr>
<tr><th colspan="3">车辆外观检查</th><th colspan="4">车辆内部检查</th></tr>
<tr><td>凹凸 □</td><td colspan="2" rowspan="4"></td><td>污渍 □</td><td colspan="3" rowspan="4"></td></tr>
<tr><td>划痕 □</td><td>破损 □</td></tr>
<tr><td>石击 □</td><td>色斑 □</td></tr>
<tr><td>油漆 □</td><td>变形 □</td></tr>
<tr><td>明确具体工作任务</td><td colspan="6"></td></tr>
<tr><td>任务目标</td><td colspan="6">● 能够独立规范地对后车门进行拆装
● 能够举一反三，对不同品牌车辆的附件进行拆装
● 能够解答客户提出的疑问</td></tr>
</table>

续表

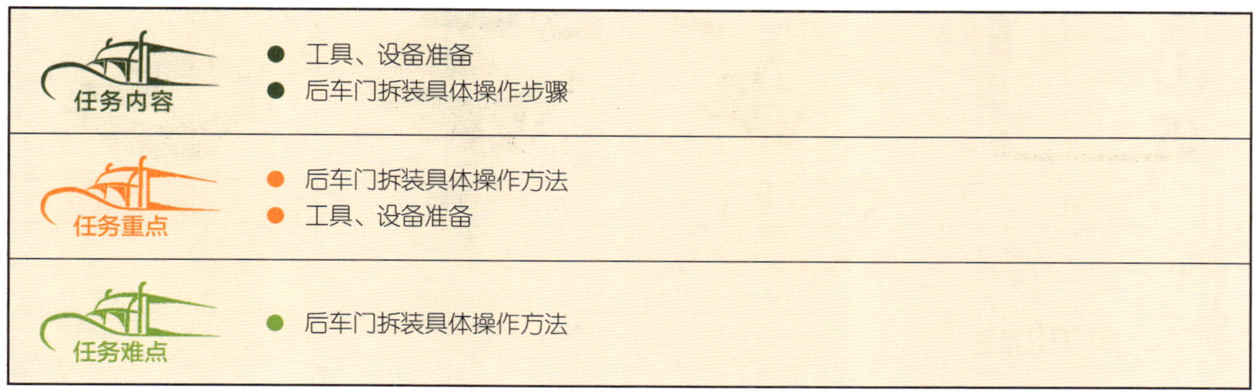

任务内容	● 工具、设备准备 ● 后车门拆装具体操作步骤
任务重点	● 后车门拆装具体操作方法 ● 工具、设备准备
任务难点	● 后车门拆装具体操作方法

一、任务准备

在下列图片中勾选出完成本任务所需的工具、设备、资料等。

扭力扳手	撬板	翼子板布	工作台
抹布	工具车	工具套件	内六角扳手
三件套	配件车	鲤鱼钳	旋具套装

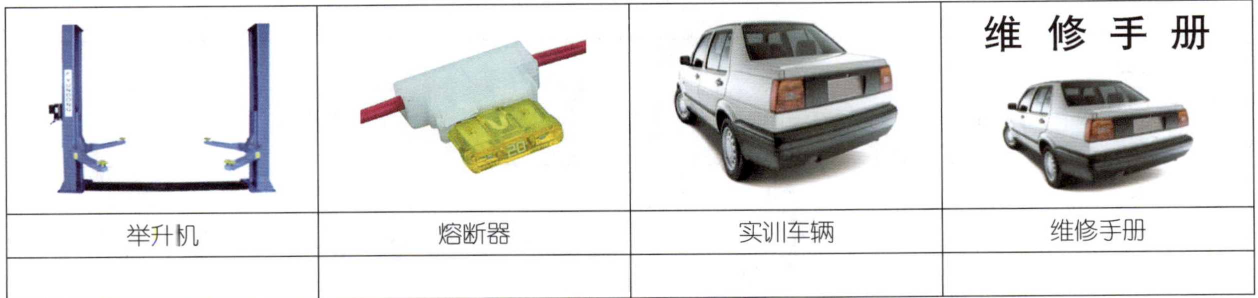

二、防护措施

（一）个人安全防护

➢ 维修人员必须穿工作服、戴工作帽、穿工作鞋，工作服纽扣、拉链及皮带扣应藏于衣服内侧，袖口、领口、裤脚扣紧，佩戴手套，女生的长发要盘起塞在工作帽内。

➢ 维修人员在进入车间前应摘掉手表、戒指、项链、耳环等金属首饰。

➢ 维修人员在进行车辆维修操作时，应防止车轮压伤脚部、车门夹伤手部、热的发动机烫伤手部或发动机传动带绞伤手部等。

➢ 在搬运重物及尖锐器物时应注意动作姿势，防止扭伤腰部、砸伤脚部或划伤手部等。

（二）车辆、台架等设备安全防护

➢ 车辆进入车间内，应停放至指定地点，关闭发动机，将变速器置于空挡并拉紧驻车制动器，将台架的滑轮锁死或用木块将其固定。

➢ 维修操作前，应铺设三件套及翼子板布，发动机启动前应确保其他实训人员远离车辆，并连接尾排。

➢ 操作电气设备应注意用电安全，作业结束之后，应及时切断一切用电设备的电源。

➢ 操作前应熟读维修手册中的操作标准和台架、仪器、设备使用标准，并做好日常维护工作。

（三）车间场地安全防护

➢ 车间应配有干粉灭火器及相应消防措施，易燃油品应存放在密封的金属罐中。

➢ 应时刻注意车间内的工具、配件、设备、车辆等是否摆放整齐。

➢ 车间内设备、车辆周围的人行道和工作区域必须保证足够的安全空间。

➢ 操作过程中应做到工具、配件、油污三不落地，作业完毕应及时清理车间工作场地，做到现场5S管理。

三、任务分配（见表 25-1）

表 25-1 任务分配表

职务	代码	姓名	工作内容
组长	A		监督、管理组员工作
组员	B		准备实训所需车辆及配件
	C		

续表

职务	代码	姓名	工作内容
组员	D		准备实训所需工具、设备及手册
	E		

四、任务实施

完成下面操作步骤的排序，将正确的序号填写在表 25–2 中。

表 25–2 后车门拆装操作步骤

项目	步骤	工作内容
安全防护和准备工作		铺设三件套
		准备工具车及配件车
拆卸内饰板		将门上的防尘垫慢慢撕下，注意不要撕坏
		使用十字旋具拆卸内饰板两侧 4 颗螺栓，并取下内开手柄外框
		向上抬起内饰板下方，使其脱离固定位置，撬起内饰板下方
		拆卸门锁提钮，将内饰板取下，并断开玻璃升降开关插接器
		使用一字旋具将内饰板上手柄的饰条撬下，并使用 T30 扳手拆卸 2 颗固定螺栓，取下手柄及螺栓
拆卸门锁		使用内六角扳手拆卸门锁上 2 颗固定螺栓，将门锁取下
		将门锁侧面上的黑色胶垫揭开，用内六角扳手拆卸里面的外开手柄固定螺栓，向右侧拉动外开手柄，将外开手柄取下
		断开中控电动机插接器，使用十字旋具拆卸中控电动机上的 2 颗固定螺栓，取出中控锁电动机
		使用小一字旋具将车门内侧中控开关联动机构上的穿心卡扣挑开，取下联动机构
		用力向左侧推内开手柄护壳，即可将内开手柄取下，并将挂钩从内开手柄上取下
拆卸玻璃及升降器		将三角玻璃及密封条一同拉出，将玻璃及密封条取下
		拆卸滑轨上的橡胶条及内饰板压条，使用十字旋具拆卸外侧滑轨上 2 颗固定螺栓，取下滑轨
		接入玻璃升降器开关插接器，将玻璃降至最低，将密封条拆卸至外侧滑轨位置
		调整玻璃高度直至能够看到支架固定螺栓，使用 10 mm 套管拆卸玻璃升降器与玻璃连接的 2 颗固定螺栓，取出玻璃
		断开玻璃升降器插接器，使用 10 mm 套管拆卸玻璃升降器电动机 2 颗螺栓及滑轨 2 颗螺栓，取出玻璃升降器总成
拆卸限位器及线束		取下限位器护罩，使用 10 mm 套管拆卸限位杆及限位器固定螺栓，取下限位器
		将车门上的线束固定卡子全部挑开
		将线束从车门侧边抽出
拆卸车门		辅助人员托住车门
		使用 13 mm 套管拆卸门内防撞梁两侧固定螺栓，取出防撞梁
		用 15 mm 套管拆卸车门铰链上的固定螺栓，将车门取下

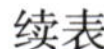
续表

项目	步骤	工作内容
安装车门		将车门按原位置装回，使用 15 mm 套管安装紧固门铰链上的固定螺栓至 30 N · m
		辅助人员托住车门
		将防撞梁安装至原位置，使用 13 mm 套管紧固固定螺栓至 30 N · m
安装限位器及线束		将线束从车门侧边插进门内，并将橡胶套安装到位
		按原位置将线束固定在车门上
		将限位器按原位置装回，使用 10 mm 套管安装紧固固定螺栓，并安装限位器护罩
安装玻璃及升降器		将玻璃升降器总成装入门内，并按照原位置摆放滑轨及玻璃升降器电动机；使用 10 mm 套管安装紧固电动机 2 颗螺栓和滑轨 2 颗螺栓至 10 N · m，并连接插接器
		将滑轨按原位置装回，使用十字旋具安装 2 颗固定螺栓，并安装内饰板压条及滑轨橡胶条
		将玻璃放入门内，使玻璃插入滑轨，并慢慢插入升降器固定位置，使用 10 mm 套管安装紧固升降器与玻璃连接的 2 颗固定螺栓
		将三角玻璃及密封条按原位置装回，并安装到位
		将玻璃密封条按原位置装回
安装门锁		将中控锁电动机按原位置装回，另一端与锁舌卡子连接，使用十字旋具安装紧固 2 颗固定螺栓
		将内开手柄与挂钩结合，安装至原位置，用力向右推动，将内开手柄固定
		使联动机构另一端与锁舌卡子连接，将中控开关联动机构按原位置装回，并锁止穿心卡扣
		将门锁按原位置装回，将锁舌插入锁舌卡子，使用内六角扳手安装紧固 2 颗固定螺栓至 20 N · m
		将外开手柄按原位置装回，用力向左推动，推动时注意内开手柄要与门锁结合上，用内六角扳手安装外开手柄固定螺栓
安装内饰板		连接玻璃升降器开关插接器，并将内饰板按原位置装回，安装中控锁手动开关塑料帽
		将防尘垫按原位置装回
		向上抬起内饰板，将内饰板下方卡入固定位置
		使用 T30 扳手安装内饰板手柄上 2 颗固定螺栓，并安装手柄饰板
		使用十字旋具安装内饰板两侧 4 颗螺栓，并安装内开手柄外框
检查与整理现场		升降玻璃，检查其工作是否正常
		撤去三件套，整理工具及现场卫生
		开关车门并锁住车门，检查内开手柄、外开手柄及中控锁工作是否正常

五、检查

（一）自检

结合本组任务操作，对任务执行过程的操作规范性进行检查，检查操作过程中是否存在以下问题，分析讨论应如何避免这些问题并总结规范的操作方法（见表 25–3）。

表 25-3 自检

检查项目	结果
车辆停放位置是否合适，是否将变速器置于空挡并拉紧驻车制动器	是 □ 否 □
是否使用三件套对车辆进行防护	是 □ 否 □
是否损坏汽车后车门、门锁	是 □ 否 □
是否正确使用工具、设备	是 □ 否 □
是否存在安全隐患	是 □ 否 □
拆卸部件是否正确安装到位	是 □ 否 □
螺栓是否按照维修手册规定力矩拧紧	是 □ 否 □
工作场地是否清洁，车辆是否复位	是 □ 否 □

（二）互检

组与组之间相互进行任务操作过程及结果检查，并将检查结果填写在表 25-4 中。

表 25-4 互检

检查项目	结果
车辆停放位置是否合适，是否将变速器置于空挡并拉紧驻车制动器	是 □ 否 □
是否使用三件套对车辆进行防护	是 □ 否 □
是否损坏汽车后车门、门锁	是 □ 否 □
是否正确使用工具、设备	是 □ 否 □
是否存在安全隐患	是 □ 否 □
拆卸部件是否正确安装到位	是 □ 否 □
螺栓是否按照维修手册规定力矩拧紧	是 □ 否 □
工作场地是否清洁，车辆是否复位	是 □ 否 □

六、课堂小结

____

____

____

任务二十六　工作台及暖风水箱拆装（一）

<table>
<tr><th colspan="7">工作台及暖风水箱拆装（一）任务工单——仪表板拆卸</th></tr>
<tr><td>客户信息</td><td>姓名</td><td colspan="2"></td><td>电话</td><td colspan="2"></td></tr>
<tr><td rowspan="2">车辆信息</td><td colspan="2">车型</td><td colspan="2">VIN 码</td><td colspan="2">行驶里程</td></tr>
<tr><td colspan="2"></td><td colspan="2"></td><td colspan="2"></td></tr>
<tr><td>客户描述</td><td colspan="6">散热器面罩、前保险杠及前照灯 □　散热器 □　喇叭 □
发动机舱盖 □　后视镜 □　后保险杠 □
前车门 □　前门玻璃 □　后车门 □
后门玻璃 □　全车座椅、前部安全带、地胶 □　全车锁 □
前部座椅 □　蓄电池及玻璃清洗系统 □　刮水器电动机 □
进气歧管、喷油器 □　翼子板及内衬 □　正时传动带 □
行李舱盖、尾灯、备胎 □　工作台、暖风水箱 □　发动机舱盖锁 □
离合器拉线 □　后部安全带 □　发动机及变速器支架 □
制动总泵 □　发电机、传动带 □　起动机 □
其他：</td></tr>
<tr><td colspan="3">车辆外观检查</td><td colspan="4">车辆内部检查</td></tr>
<tr><td>凹凸 □</td><td colspan="2" rowspan="4"></td><td>污渍 □</td><td colspan="3" rowspan="4"></td></tr>
<tr><td>划痕 □</td><td>破损 □</td></tr>
<tr><td>石击 □</td><td>色斑 □</td></tr>
<tr><td>油漆 □</td><td>变形 □</td></tr>
<tr><td>明确具体工作任务</td><td colspan="6"></td></tr>
<tr><td>任务目标</td><td colspan="6">● 能够独立规范地对工作台及暖风水箱进行拆装
● 能够举一反三，对不同品牌车辆的附件进行拆装
● 能够解答客户提出的疑问</td></tr>
</table>

续表

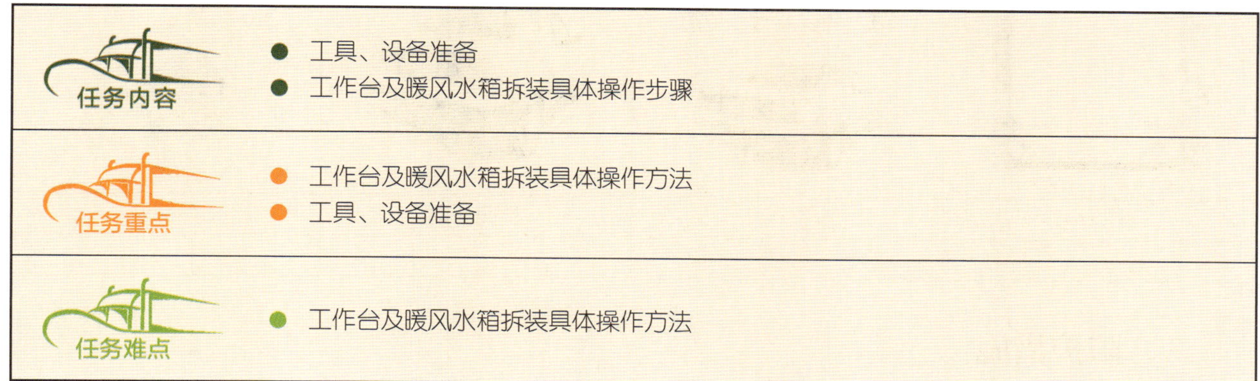

任务内容	● 工具、设备准备 ● 工作台及暖风水箱拆装具体操作步骤
任务重点	● 工作台及暖风水箱拆装具体操作方法 ● 工具、设备准备
任务难点	● 工作台及暖风水箱拆装具体操作方法

一、任务准备

在下列图片中勾选出完成本任务所需的工具、设备、资料等。

扭力扳手	撬板	翼子板布	吹尘枪
抹布	工具车	工具套件	内六角扳手
鲤鱼钳	配件车	三件套	旋具套装

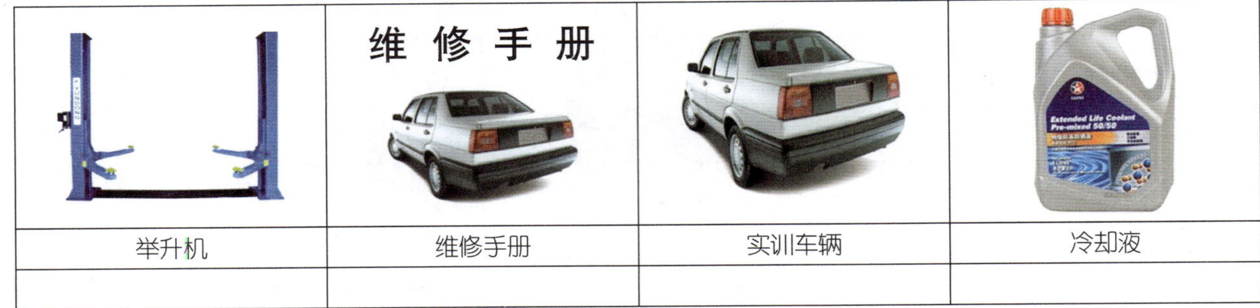

举升机	维修手册	实训车辆	冷却液

二、防护措施

（一）个人安全防护

➢ 维修人员必须穿工作服、戴工作帽、穿工作鞋，工作服纽扣、拉链及皮带扣应藏于衣服内侧，袖口、领口、裤脚扣紧，佩戴手套，女生的长发要盘起塞在工作帽内。

➢ 维修人员在进入车间前应摘掉手表、戒指、项链、耳环等金属首饰。

➢ 维修人员在进行车辆维修操作时，应防止车轮压伤脚部、车门夹伤手部、热的发动机烫伤手部或发动机传动带绞伤手部等。

➢ 在搬运重物及尖锐器物时应注意动作姿势，防止扭伤腰部、砸伤脚部或划伤手部等。

（二）车辆、台架等设备安全防护

➢ 车辆进入车间内，应停放至指定地点，关闭发动机，将变速器置于空挡并拉紧驻车制动器，将台架的滑轮锁死或用木块将其固定。

➢ 维修操作前，铺设三件套及翼子板布，发动机启动前应确保其他实训人员远离车辆，并连接尾排。

➢ 操作电气设备应注意用电安全，作业结束之后，应及时切断一切用电设备的电源。

➢ 操作前应熟读维修手册中的操作标准和台架、仪器、设备使用标准，并做好日常维护工作。

（三）车间场地安全防护

➢ 车间应配有干粉灭火器及相应消防措施，易燃油品应存放在密封的金属罐中。

➢ 应时刻注意车间内的工具、配件、设备、车辆等是否摆放整齐。

➢ 车间内设备、车辆周围的人行道和工作区域必须保证足够的安全空间。

➢ 操作过程中应做到工具、配件、油污三不落地，作业完毕应及时清理车间工作场地，做到现场5S管理。

三、任务分配（见表26-1）

表26-1　任务分配表

职务	代码	姓名	工作内容
组长	A		监督、管理组员工作
组员	B		准备实训所需车辆及配件
	C		

续表

职务	代码	姓名	工作内容
组员	D		准备实训所需工具、设备及手册
	E		

四、任务实施

完成下面操作步骤的排序，将正确的序号填写在表 26-2 中。

表 26-2 工作台及暖风水箱拆装操作步骤

项目	步骤	工作内容
安全防护和准备工作		打开发动机舱盖，铺设翼子板布
		铺设三件套
拆卸副工作台		使用十字旋具拧松换挡手柄固定卡箍，将防尘罩连同换挡手柄一起取下
		使用 13 mm 套筒拆卸副工作台固定螺栓，向上抬起取下副工作台
		用塑料撬板从换挡手柄后方向上撬下换挡手柄防尘罩，并向上翻起
拆卸转向盘		拆卸转向盘中央盖板，拆卸转向柱与转向盘中心固定螺栓，取下转向盘
		拆卸转向柱护壳 3 颗固定螺栓，取下护壳
		拆卸转向柱下部饰板 3 颗固定螺栓，取下饰板
拆卸杂物箱		打开杂物箱，将下部盖板撬下，拆卸 2 颗固定螺栓
		拆卸杂物箱下部饰板 3 颗固定螺栓，取下饰板
		拆卸杂物箱上部 2 颗固定螺栓，将杂物箱取出
拆卸仪表板		撬下组合开关及中央右侧出风口格栅，拆卸内部 2 颗固定螺栓及下部储物格底部固定螺栓，取下控制面板框架
		向内按下灯光开关并顺时针旋转将灯光开关拉出，断开插接器，取下开关
		使用 CD 机专用拉拔器将 CD 机从仪表台架拉出后，拔下线束插接器和天线接口并取下 CD 机
		拆卸仪表板左右 2 颗固定螺栓，断开仪表板后部插接器，取出仪表板
		撬下仪表框左下角和右下角螺栓装饰盖，使用十字旋具连同正上方 2 颗螺栓一起拧下，取下仪表框
		撬下空调控制面板装饰盖，拆卸固定空调控制面板的 4 颗螺栓，向里推使空调控制面板脱离框架
		拉出烟灰缸，拆卸烟灰缸组件托架底部螺钉并拉出托架，同时拆卸点烟器固定螺栓，横向移动拉出点烟器，拔下线束插接器并取下点烟器组件
拆卸工作台		拆卸工作台中央两侧 2 颗固定螺栓及中央风道 2 颗固定螺栓
		拆卸工作台中央下部 2 颗固定螺栓
		拆卸刮水器电动机盖板，拆卸流水槽里面 2 颗工作台固定螺栓
		撬开两侧 A 柱饰条上端塑料盖，拆卸饰条固定螺栓，取下饰条
		断开所有与工作台连接的线束卡子及两侧喇叭插接器，并断开所有线束插接器，将工作台从车内取出
		取下工作台两侧橡胶盖，拆卸两侧固定螺栓

续表

项目	步骤	工作内容
拆卸暖风水箱		拆卸发动机护盖，并拆卸前围挡板上 2 颗风箱固定螺栓，断开外部暖风水管及真空管
		断开真空管，拆卸暖风水箱在风箱上的 2 颗固定螺栓，取出暖风水箱
		拆卸空气滤清器壳，拆卸膨胀阀外侧空调管，并拆卸蒸发箱 2 颗固定螺栓
		拆卸风箱与车身的固定螺栓，将风箱移出
		拆卸中央风道及工作台支架各 2 颗固定螺栓，取下中央风道及支架
		断开风箱上的插接器及线束，将风箱总成整体取出
安装暖风水箱		将暖风水箱装回风箱，安装 2 颗固定螺栓，并连接真空管
		紧固车身固定螺栓，并安装工作台支架及中央风道
		安装紧固前围挡板上 2 颗风箱固定螺栓，并连接暖风水管及真空管
		安装紧固蒸发箱 2 颗固定螺栓，安装膨胀阀外侧空调管，并安装空气滤清器壳及发动机护盖
		将风箱按原位置装回，注意将下部排水管安装到位，并安装车身固定螺栓
		将风箱放进车内，连接风箱上的插接器及线束
安装工作台		安装流水槽里面 2 颗工作台固定螺栓，并安装刮水器电动机盖板
		将 A 柱饰条按原位置装回，紧固固定螺栓，并安装塑料盖
		安装工作台中央下部 2 颗固定螺栓
		将工作台按原位置装回，将工作台前部 2 颗固定螺栓插入固定位置，并连接线束卡子及喇叭插接器
		安装工作台两侧固定螺栓，并安装橡胶盖
		安装工作台中央两侧 2 颗固定螺栓，并安装中央风道固定螺栓
安装仪表板		连接灯光开关插接器，将灯光开关装回原位置
		将控制面板框架按原位置装回，注意将中央出风口与中央风道安装到位，并安装底部及上部固定螺钉，连接组合开关插接器，安装组合开关和出风口格栅
		连接仪表板后部插接器，将仪表板装回原位置，安装紧固两侧固定螺钉，并连接空调面板插接器
		连接空调面板插接器，将面板按原位置装回，安装紧固 4 颗螺栓，安装面板装饰盖
		连接点烟器插接器，装回原位置并紧固螺钉，安装烟灰缸组件托架并紧固螺钉，将烟灰缸装回
		连接 CD 机后部插接器及天线，将 CD 机按原位置装回
		将仪表外框装回原位置，并安装紧固 4 颗固定螺栓，安装螺栓装饰盖
安装杂物箱		安装紧固杂物箱底部 2 颗固定螺栓，并安装下部盖板
		将杂物箱按原位置装回，安装紧固上部 2 颗螺栓
		安装杂物箱下部饰板，并紧固 3 颗固定螺栓
安装转向盘		安装转向盘下方饰板，并紧固 3 颗固定螺栓
		安装转向柱护壳，并紧固 3 颗固定螺栓
		安装转向盘，并紧固固定螺栓，安装中央盖板

续表

项目	步骤	工作内容
安装副工作台		安装防尘罩及换挡手柄，紧固换挡手柄卡箍，将防尘罩盖板安装到位
		将副工作台按原位置装回，并安装紧固 2 颗固定螺栓
检查及整理现场		启动发动机运转至冷却液温度正常，检查储液壶冷却液位置是否正常
		向冷却液储液壶加入冷却液至上限位置，并盖上壶盖
		检查各个设备工作是否正常
		检查暖风水管是否泄漏，暖风是否正常
		撤去三件套及翼子板布，整理工具并清理现场卫生

五、检查

（一）自检

结合本组任务操作，对任务执行过程的操作规范性进行检查，检查操作过程中是否存在以下问题，分析讨论应如何避免这些问题并总结规范的操作方法（见表 26–3）。

表 26–3 自检

检查项目	结果
车辆停放位置是否合适，是否将变速器置于空挡并拉紧驻车制动器	是 □ 否 □
是否使用三件套对车辆进行防护	是 □ 否 □
是否损坏汽车工作台及暖风水箱	是 □ 否 □
是否正确使用工具、设备	是 □ 否 □
是否存在安全隐患	是 □ 否 □
拆卸部件是否正确安装到位	是 □ 否 □
螺栓是否按照维修手册规定力矩拧紧	是 □ 否 □
冷却液液位是否正常	是 □ 否 □
各个设备工作是否正常	是 □ 否 □
暖风水管是否泄漏，暖风是否正常	是 □ 否 □
工作场地是否清洁，车辆是否复位	是 □ 否 □

（二）互检

组与组之间相互进行任务操作过程及结果检查，并将检查结果填写在表 26–4 中。

表 26–4 互检

检查项目	结果
车辆停放位置是否合适，是否将变速器置于空挡并拉紧驻车制动器	是 □ 否 □
是否使用三件套对车辆进行防护	是 □ 否 □

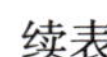

续表

检查项目	结果
是否损坏汽车工作台及暖风水箱	是 □ 否 □
是否正确使用工具、设备	是 □ 否 □
是否存在安全隐患	是 □ 否 □
拆卸部件是否正确安装到位	是 □ 否 □
螺栓是否按照维修手册规定力矩拧紧	是 □ 否 □
冷却液液位是否正常	是 □ 否 □
各个设备工作是否正常	是 □ 否 □
暖风水管是否泄漏，暖风是否正常	是 □ 否 □
工作场地是否清洁，车辆是否复位	是 □ 否 □

六、课堂小结

____

____

____

任务二十七　工作台及暖风水箱拆装（二）

<table>
<tr><th colspan="7">工作台及暖风水箱拆装（二）任务工单——暖风水箱拆装</th></tr>
<tr><td>客户信息</td><td>姓名</td><td colspan="2"></td><td>电话</td><td colspan="2"></td></tr>
<tr><td rowspan="2">车辆信息</td><td colspan="2">车型</td><td colspan="2">VIN 码</td><td colspan="2">行驶里程</td></tr>
<tr><td colspan="2"></td><td colspan="2"></td><td colspan="2"></td></tr>
<tr><td>客户描述</td><td colspan="6">散热器面罩、前保险杠及前照灯 □　散热器 □　喇叭 □
发动机舱盖 □　后视镜 □　后保险杠 □
前车门 □　前门玻璃 □　后车门 □
后门玻璃 □　全车座椅、前部安全带、地胶 □　全车锁 □
前部座椅 □　蓄电池及玻璃清洗系统 □　刮水器电动机 □
进气歧管、喷油器 □　翼子板及内衬 □　正时传动带 □
行李舱盖、尾灯、备胎 □　工作台、暖风水箱 □　发动机舱盖锁 □
离合器拉线 □　后部安全带 □　发动机及变速器支架 □
制动总泵 □　发电机、传动带 □　起动机 □
其他：</td></tr>
<tr><th colspan="3">车辆外观检查</th><th colspan="4">车辆内部检查</th></tr>
<tr><td>凹凸 □</td><td colspan="2" rowspan="4"></td><td>污渍 □</td><td colspan="3" rowspan="4"></td></tr>
<tr><td>划痕 □</td><td>破损 □</td></tr>
<tr><td>石击 □</td><td>色斑 □</td></tr>
<tr><td>油漆 □</td><td>变形 □</td></tr>
<tr><td>明确具体工作任务</td><td colspan="6"></td></tr>
<tr><td>任务目标</td><td colspan="6">● 能够独立规范地对工作台及暖风水箱进行拆装
● 能够举一反三，对不同品牌车辆的附件进行拆装
● 能够解答客户提出的疑问</td></tr>
</table>

续表

任务内容	● 工具、设备准备 ● 工作台及暖风水箱拆装具体操作步骤
任务重点	● 工作台及暖风水箱拆装具体操作方法 ● 工具、设备准备
任务难点	● 工作台及暖风水箱拆装具体操作方法

一、任务准备

在下列图片中勾选出完成本任务所需的工具、设备、资料等。

扭力扳手	撬板	翼子板布	吹尘枪
抹布	工具车	工具套件	内六角扳手
鲤鱼钳	配件车	三件套	旋具套装

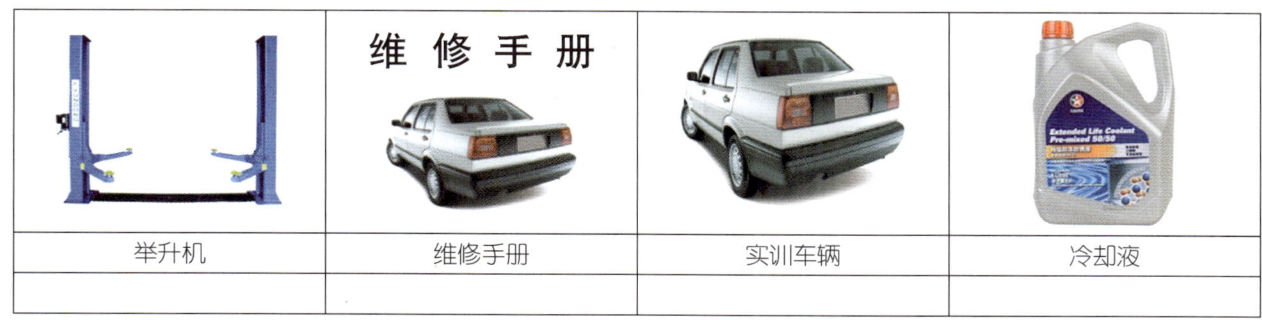

举升机	维修手册	实训车辆	冷却液

二、防护措施

（一）个人安全防护

➢ 维修人员必须穿工作服、戴工作帽、穿工作鞋，工作服纽扣、拉链及皮带扣应藏于衣服内侧，袖口、领口、裤脚扣紧，佩戴手套，女生的长发要盘起塞在工作帽内。

➢ 维修人员在进入车间前应摘掉手表、戒指、项链、耳环等金属首饰。

➢ 维修人员在进行车辆维修操作时，应防止车轮压伤脚部、车门夹伤手部、热的发动机烫伤手部或发动机传动带绞伤手部等。

➢ 在搬运重物及尖锐器物时应注意动作姿势，防止扭伤腰部、砸伤脚部或划伤手部等。

（二）车辆、台架等设备安全防护

➢ 车辆进入车间内，应停放至指定地点，关闭发动机，将变速器置于空挡并拉紧驻车制动器，将台架的滑轮锁死或用木块将其固定。

➢ 维修操作前，应铺设三件套及翼子板布，发动机启动前应确保其他实训人员远离车辆，并连接尾排。

➢ 操作电气设备应注意用电安全，作业结束之后，应及时切断一切用电设备的电源。

➢ 操作前应熟读维修手册中的操作标准和台架、仪器、设备使用标准，并做好日常维护工作。

（三）车间场地安全防护

➢ 车间应配有干粉灭火器及相应消防措施，易燃油品应存放在密封的金属罐中。

➢ 应时刻注意车间内的工具、配件、设备、车辆等是否摆放整齐。

➢ 车间内设备、车辆周围的人行道和工作区域必须保证足够的安全空间。

➢ 操作过程中应做到工具、配件、油污三不落地，作业完毕应及时清理车间工作场地，做到现场5S管理。

三、任务分配（见表 27-1）

表 27-1 任务分配表

职务	代码	姓名	工作内容
组长	A		监督、管理组员工作
组员	B		准备实训所需车辆及配件
	C		

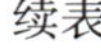
续表

职务	代码	姓名	工作内容
组员	D		准备实训所需工具、设备及手册
	E		

四、任务实施

完成下面操作步骤的排序，将正确的序号填写在表 27–2 中。

表 27–2　工作台及暖风水箱拆装操作步骤

项目	步骤	工作内容
安全防护和准备工作		铺设三件套
		打开发动机舱盖，铺设翼子板布
拆卸副工作台		使用十字旋具拧松换挡手柄固定卡箍，将防尘罩连同换挡手柄一起取下
		用塑料撬板从换挡手柄后方向上撬下换挡手柄防尘罩，并向上翻起
		使用 13 mm 套筒拆卸副工作台固定螺栓，向上抬起取下副工作台
拆卸转向盘		拆卸转向盘中央盖板，拆卸转向柱与转向盘中心固定螺栓，取下转向盘
		拆卸转向柱护壳 3 颗固定螺栓，取下护壳
		拆卸转向柱下部饰板 3 颗固定螺栓，取下饰板
拆卸杂物箱		打开杂物箱，将下部盖板撬下，拆卸 2 颗固定螺栓
		拆卸杂物箱下部饰板 3 颗固定螺栓，取下饰板
		拆卸杂物箱上部 2 颗固定螺栓，将杂物箱取出
拆卸仪表板		撬下组合开关及中央右侧出风口格栅，拆卸内部 2 颗固定螺栓及下部储物格底部固定螺栓，取下控制面板框架
		向内按下灯光开关并顺时针旋转将灯光开关拉出，断开插接器，取下开关
		使用 CD 机专用拉拔器将 CD 机从仪表台架拉出后，拔下线束插接器和天线接口并取下 CD 机
		拆卸仪表板左右 2 颗固定螺栓，断开仪表板后部插接器，取出仪表板
		撬下仪表框左下角和右下角螺栓装饰盖，使用十字旋具连同正上方 2 颗螺栓一起拧下，取下仪表框
		撬下空调控制面板装饰盖，拆卸固定空调控制面板的 4 颗螺栓，向里推使空调控制面板脱离框架
		拉出烟灰缸，拆卸烟灰缸组件托架底部螺栓并拉出托架，同时拆卸点烟器固定螺栓，横向移动拉出点烟器，拔下线束插接器并取下点烟器组件
拆卸工作台		拆卸工作台中央下部 2 颗固定螺栓
		拆卸工作台中央两侧 2 颗固定螺栓及中央风道 2 颗固定螺栓
		断开所有与工作台连接的线束卡子及两侧喇叭插接器，并断开所有线束插接器，将工作台从车内取出
		拆卸刮水器电动机盖板，拆卸流水槽里面 2 颗工作台固定螺栓
		撬开两侧 A 柱饰条上端塑料盖，拆卸饰条固定螺栓，取下饰条
		取下工作台两侧橡胶盖，拆卸两侧固定螺栓

续表

项目	步骤	工作内容
拆卸暖风水箱		拆卸发动机护盖，并拆卸前围挡板上 2 颗风箱固定螺栓，断开外部暖风水管及真空管
		拆卸空气滤清器壳，拆卸膨胀阀外侧空调管，并拆卸蒸发箱 2 颗固定螺栓
		拆卸风箱与车身的固定螺栓，将风箱移出
		拆卸中央风道及工作台支架各 2 颗固定螺栓，取下中央风道及支架
		断开真空管，拆卸暖风水箱在风箱上的 2 颗固定螺栓，取出暖风水箱
		断开风箱上的插接器及线束，将风箱总成整体取出
安装暖风水箱		紧固车身固定螺栓，并安装工作台支架及中央风道
		将暖风水箱装回风箱，安装 2 颗固定螺栓，并连接真空管
		安装紧固前围挡板上 2 颗风箱固定螺栓，并连接暖风水管及真空管
		安装紧固蒸发箱 2 颗固定螺栓，安装膨胀阀外侧空调管，并安装空气滤清器壳及发动机护盖
		将风箱按原位置装回，注意将下部排水管安装到位，并安装车身固定螺栓
		将风箱放进车内，连接风箱上的插接器及线束
安装工作台		安装流水槽里面 2 颗工作台固定螺栓，并安装刮水器电动机盖板
		将 A 柱饰条按原位置装回，紧固固定螺栓，并安装塑料盖
		安装工作台中央下部 2 颗固定螺栓
		将工作台按原位置装回，将工作台前部 2 颗固定螺栓插入固定位置，并连接线束卡子及喇叭插接器
		安装工作台两侧固定螺栓，并安装橡胶盖
		安装工作台中央两侧 2 颗固定螺栓，并安装中央风道固定螺栓
安装仪表板		连接仪表板后部插接器，将仪表板装回原位置，安装紧固两侧固定螺栓，并连接空调面板插接器
		连接灯光开关插接器，将灯光开关装回原位置
		将控制面板框架按原位置装回，注意将中央出风口与中央风道安装到位，并安装底部及上部固定螺栓，连接组合开关插接器，安装组合开关和出风口格栅
		连接 CD 机后部插接器及天线，将 CD 机按原位置装回
		连接空调面板插接器，将面板按原位置装回，安装紧固 4 颗螺栓，安装面板装饰盖
		连接点烟器插接器，装回原位置并紧固螺栓，安装烟灰缸组件托架并紧固螺栓，将烟灰缸装回
		将仪表外框装回原位置，并安装紧固 4 颗固定螺栓，安装螺栓装饰盖
安装杂物箱		安装紧固杂物箱底部 2 颗固定螺栓，并安装下部盖板
		将杂物箱按原位置装回，安装紧固上部 2 颗螺栓
		安装杂物箱下部饰板，并紧固 3 颗固定螺栓
安装转向盘		安装转向柱护壳，并紧固 3 颗固定螺栓
		安装转向盘下方饰板，并紧固 3 颗固定螺栓
		安装转向盘，并紧固固定螺栓，安装中央盖板

续表

项目	步骤	工作内容
安装副工作台		安装防尘罩及换挡手柄，紧固换挡手柄卡箍，将防尘罩盖板安装到位
		将副工作台按原位置装回，并安装紧固 2 颗固定螺栓
检查及整理现场		向冷却液储液壶加入冷却液至上限位置，并盖上壶盖
		启动发动机运转至冷却液温度正常，检查储液壶冷却液位置是否正常
		检查各个设备工作是否正常
		撤去三件套及翼子板布，整理工具并清理现场卫生
		检查暖风水管是否泄漏，暖风是否正常

五、检查

（一）自检

结合本组任务操作，对任务执行过程的操作规范性进行检查，检查操作过程中是否存在以下问题，分析讨论应如何避免这些问题并总结规范的操作方法（见表 27–3）。

表 27–3　自检

检查项目	结果
车辆停放位置是否合适，是否将变速器置于空挡并拉紧驻车制动器	是 □　否 □
是否使用三件套对车辆进行防护	是 □　否 □
是否损坏汽车工作台及暖风水箱	是 □　否 □
是否正确使用工具、设备	是 □　否 □
是否存在安全隐患	是 □　否 □
拆卸部件是否正确安装到位	是 □　否 □
螺栓是否按照维修手册规定力矩拧紧	是 □　否 □
冷却液液位是否正常	是 □　否 □
各个设备工作是否正常	是 □　否 □
暖风水管是否泄漏，暖风是否正常	是 □　否 □
工作场地是否清洁，车辆是否复位	是 □　否 □

（二）互检

组与组之间相互进行任务操作过程及结果检查，并将检查结果填写在表 27–4 中。

表 27–4　互检

检查项目	结果
车辆停放位置是否合适，是否将变速器置于空挡并拉紧驻车制动器	是 □　否 □
是否使用三件套对车辆进行防护	是 □　否 □

续表

检查项目	结果
是否损坏汽车工作台及暖风水箱	是□ 否□
是否正确使用工具、设备	是□ 否□
是否存在安全隐患	是□ 否□
拆卸部件是否正确安装到位	是□ 否□
螺栓是否按照维修手册规定力矩拧紧	是□ 否□
冷却液液位是否正常	是□ 否□
各个设备工作是否正常	是□ 否□
暖风水管是否泄漏，暖风是否正常	是□ 否□
工作场地是否清洁，车辆是否复位	是□ 否□

六、课堂小结

任务二十八　工作台及暖风水箱拆装（三）

工作台及暖风水箱拆装（三）任务工单——仪表板安装					
客户信息	姓名		电话		
车辆信息	车型		VIN 码		行驶里程
客户描述	散热器面罩、前保险杠及前照灯 □ 发动机舱盖 □ 前车门 □ 后门玻璃 □ 前部座椅 □ 进气歧管、喷油器 □ 行李舱盖、尾灯、备胎 □ 离合器拉线 □ 制动总泵 □		散热器 □ 后视镜 □ 前门玻璃 □ 全车座椅、前部安全带、地胶 □ 蓄电池及玻璃清洗系统 □ 翼子板及内衬 □ 工作台、暖风水箱 □ 后部安全带 □ 发电机、传动带 □		喇叭 □ 后保险杠 □ 后车门 □ 全车锁 □ 刮水器电动机 □ 正时传动带 □ 发动机舱盖锁 □ 发动机及变速器支架 □ 起动机 □
	其他：				
车辆外观检查			车辆内部检查		
凹凸 □			污渍 □		
划痕 □			破损 □		
石击 □			色斑 □		
油漆 □			变形 □		
明确具体工作任务					
任务目标	● 能够独立规范地对工作台及暖风水箱进行拆装 ● 能够举一反三，对不同品牌车辆的附件进行拆装 ● 能够解答客户提出的疑问				

续表

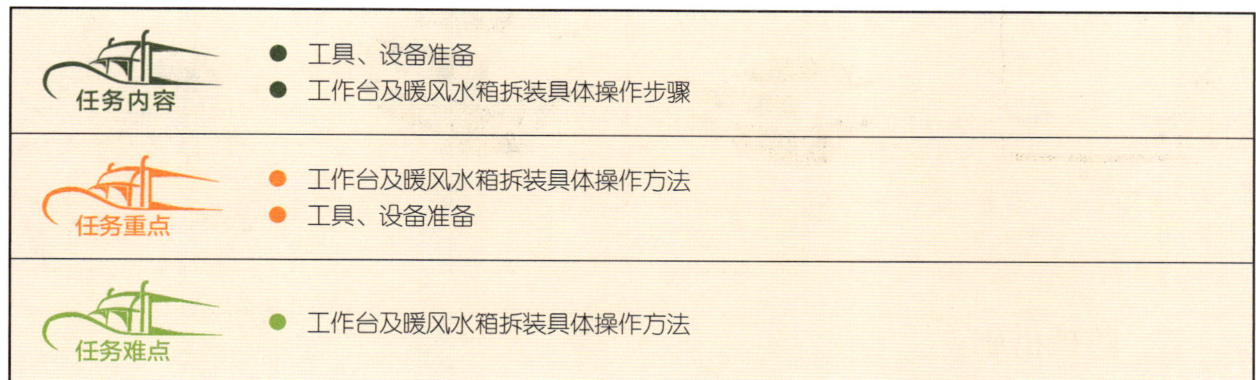

任务内容	● 工具、设备准备 ● 工作台及暖风水箱拆装具体操作步骤
任务重点	● 工作台及暖风水箱拆装具体操作方法 ● 工具、设备准备
任务难点	● 工作台及暖风水箱拆装具体操作方法

一、任务准备

在下列图片中勾选出完成本任务所需的工具、设备、资料等。

扭力扳手	撬板	翼子板布	吹尘枪
抹布	工具车	工具套件	内六角扳手
鲤鱼钳	配件车	三件套	旋具套装

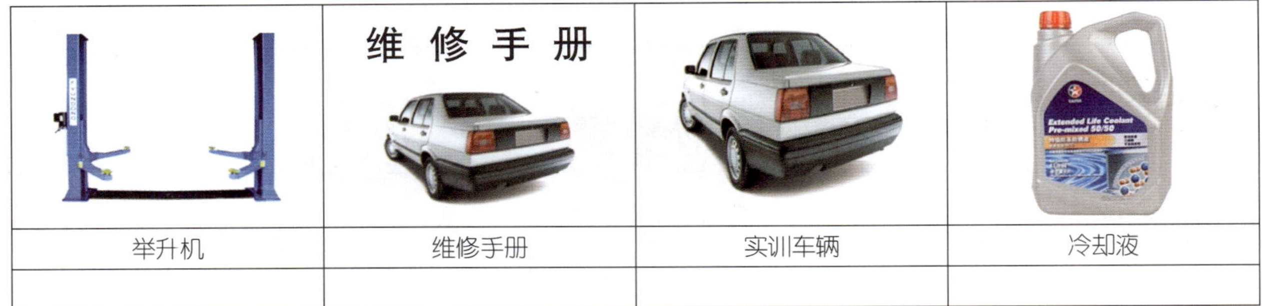

举升机	维修手册	实训车辆	冷却液

二、防护措施

（一）个人安全防护

➢ 维修人员必须穿工作服、戴工作帽、穿工作鞋，工作服纽扣、拉链及皮带扣应藏于衣服内侧，袖口、领口、裤脚扣紧，佩戴手套，女生的长发要盘起塞在工作帽内。

➢ 维修人员在进入车间前应摘掉手表、戒指、项链、耳环等金属首饰。

➢ 维修人员在进行车辆维修操作时，应防止车轮压伤脚部、车门夹伤手部、热的发动机烫伤手部或发动机传动带绞伤手部。

➢ 在搬运重物及尖锐器物时应注意动作姿势，防止扭伤腰部、砸伤脚部或划伤手部等。

（二）车辆、台架等设备安全防护

➢ 车辆进入车间内，应停放至指定地点，关闭发动机，将变速器置于空挡并拉紧驻车制动器，将台架的滑轮锁死或用木块将其固定。

➢ 维修操作前，铺设三件套及翼子板布，发动机启动前应确保其他实训人员远离车辆，并连接尾排。

➢ 操作电气设备应注意用电安全，作业结束之后，应及时切断一切用电设备的电源。

➢ 操作前应熟读维修手册中的操作标准和台架、仪器、设备使用标准，并做好日常维护工作。

（三）车间场地安全防护

➢ 车间应配有干粉灭火器及相应消防措施，易燃油品应存放在密封的金属罐中。

➢ 应时刻注意车间内的工具、配件、设备、车辆等是否摆放整齐。

➢ 车间内设备、车辆周围的人行道和工作区域必须保证足够的安全空间。

➢ 操作过程中应做到工具、配件、油污三不落地，作业完毕应及时清理车间工作场地，做到现场5S管理。

三、任务分配（见表28-1）

表28-1　任务分配表

<table>
<tr><th>职务</th><th>代码</th><th>姓名</th><th>工作内容</th></tr>
<tr><td>组长</td><td>A</td><td></td><td>监督、管理组员工作</td></tr>
<tr><td rowspan="2">组员</td><td>B</td><td></td><td rowspan="2">准备实训所需车辆及配件</td></tr>
<tr><td>C</td><td></td></tr>
</table>

续表

职务	代码	姓名	工作内容
组员	D		准备实训所需工具、设备及手册
	E		

四、任务实施

完成下面操作步骤的排序，将正确的序号填写在表 28–2 中。

表 28–2 工作台及暖风水箱拆装操作步骤

项目	步骤	工作内容
安全防护和准备工作		打开发动机舱盖，铺设翼子板布
		铺设三件套
拆卸副工作台		使用十字旋具拧松换挡手柄固定卡箍，将防尘罩连同换挡手柄一起取下
		使用 13 mm 套筒拆卸副工作台固定螺栓，向上抬起取下副工作台
		用塑料撬板从换挡手柄后方向上撬下换挡手柄防尘罩，并向上翻起
拆卸转向盘		拆卸转向盘中央盖板，拆卸转向柱与转向盘中心固定螺栓，取下转向盘
		拆卸转向柱护壳 3 颗固定螺栓，取下护壳
		拆卸转向柱下部饰板 3 颗固定螺栓，取下饰板
拆卸杂物箱		拆卸杂物箱下部饰板 3 颗固定螺栓，取下饰板
		打开杂物箱，将下部盖板撬下，拆卸 2 颗固定螺栓
		拆卸杂物箱上部 2 颗固定螺栓，将杂物箱取出
拆卸仪表板		撬下组合开关及中央右侧出风口格栅，拆卸内部 2 颗固定螺栓及下部储物格底部固定螺栓，取下控制面板框架
		向内按下灯光开关并顺时针旋转将灯光开关拉出，断开插接器，取下开关
		使用 CD 机专用拉拔器将 CD 机从仪表台架拉出后，拔下线束插接器和天线接口并取下 CD 机
		拆卸仪表板左右 2 颗固定螺栓，断开仪表板后部插接器，取出仪表板
		撬下仪表框左下角和右下角螺栓装饰盖，使用十字旋具连同正上方 2 颗螺栓一起拧下，取下仪表框
		撬下空调控制面板装饰盖，拆卸固定空调控制面板的 4 颗螺栓，向里推使空调控制面板脱离框架
		拉出烟灰缸，拆卸烟灰缸组件托架底部螺栓并拉出托架，同时拆卸点烟器固定螺栓，横向移动拉出点烟器，拔下线束插接器并取下点烟器组件
拆卸工作台		拆卸工作台中央两侧 2 颗固定螺栓及中央风道 2 颗固定螺栓
		拆卸工作台中央下部 2 颗固定螺栓
		拆卸刮水器电动机盖板，拆卸流水槽里面 2 颗工作台固定螺栓
		撬开两侧 A 柱饰条上端塑料盖，拆卸饰条固定螺栓，取下饰条
		断开所有与工作台连接的线束卡子及两侧喇叭插接器，并断开所有线束插接器，将工作台从车内取出
		取下工作台两侧橡胶盖，拆卸两侧固定螺栓

续表

项目	步骤	工作内容
拆卸暖风水箱		拆卸空气滤清器壳，拆卸膨胀阀外侧空调管，并拆卸蒸发箱 2 颗固定螺栓
		拆卸中央风道及工作台支架各 2 颗固定螺栓，取下中央风道及支架
		拆卸发动机护盖，并拆卸前围挡板上 2 颗风箱固定螺栓，断开外部暖风水管及真空管
		拆卸风箱与车身的固定螺栓，将风箱移出
		断开真空管，拆卸暖风水箱在风箱上的 2 颗固定螺栓，取出暖风水箱
		断开风箱上的插接器及线束，将风箱总成整体取出
安装暖风水箱		将暖风水箱装回风箱，安装 2 颗固定螺栓，并连接真空管
		将风箱按原位置装回，注意将下部排水管安装到位，并安装车身固定螺栓
		紧固车身固定螺栓，并安装工作台支架及中央风道
		安装紧固前围挡板上 2 颗风箱固定螺栓，并连接暖风水管及真空管
		安装紧固蒸发箱 2 颗固定螺栓，安装膨胀阀外侧空调管，并安装空气滤清器壳及发动机护盖
		将风箱放进车内，连接风箱上的插接器及线束
安装工作台		安装流水槽里面 2 颗工作台固定螺栓，并安装刮水器电动机盖板
		将 A 柱饰条按原位置装回，紧固固定螺栓，并安装塑料盖
		安装工作台中央下部 2 颗固定螺栓
		将工作台按原位置装回，将工作台前部 2 颗固定螺栓插入固定位置，并连接线束卡子及喇叭插接器
		安装工作台两侧固定螺栓，并安装橡胶盖
		安装工作台中央两侧 2 颗固定螺栓，并安装中央风道固定螺栓
安装仪表板		连接灯光开关插接器，将灯光开关装回原位置
		将控制面板框架按原位置装回，注意将中央出风口与中央风道安装到位，并安装底部及上部固定螺栓，连接组合开关插接器，安装组合开关和出风口格栅
		连接仪表板后部插接器，将仪表板装回原位置，安装紧固两侧固定螺栓，并连接空调面板插接器
		连接空调面板插接器，将面板按原位置装回，安装紧固 4 颗螺栓，安装面板装饰盖
		连接点烟器插接器，装回原位置并紧固螺栓，安装烟灰缸组件托架并紧固螺栓，将烟灰缸装回
		连接 CD 机后部插接器及天线，将 CD 机按原位置装回
		将仪表外框装回原位置，并安装紧固 4 颗固定螺栓，安装螺栓装饰盖
安装杂物箱		安装紧固杂物箱底部 2 颗固定螺栓，并安装下部盖板
		将杂物箱按原位置装回，安装紧固上部 2 颗螺栓
		安装杂物箱下部饰板，并紧固 3 颗固定螺栓
安装转向盘		安装转向柱护壳，并紧固 3 颗固定螺栓
		安装转向盘下方饰板，并紧固 3 颗固定螺栓
		安装转向盘，并紧固固定螺栓，安装中央盖板

续表

项目	步骤	工作内容
安装副工作台		安装防尘罩及换挡手柄，紧固换挡手柄卡箍，将防尘罩盖板安装到位
		将副工作台按原位置装回，并安装紧固 2 颗固定螺栓
检查及整理现场		撤去三件套及翼子板布，整理工具并清理现场卫生
		启动发动机运转至冷却液温度正常，检查储液壶冷却液位置是否正常
		向冷却液储液壶加入冷却液至上线位置，并盖上壶盖
		检查各个设备工作是否正常
		检查暖风水管是否泄漏，暖风是否正常

五、检查

（一）自检

结合本组任务操作，对任务执行过程的操作规范性进行检查，检查操作过程中是否存在以下问题，分析讨论应如何避免这些问题并总结规范的操作方法（见表 28–3）。

表 28–3 自检

检查项目	结果
车辆停放位置是否合适，是否将变速器置于空挡并拉紧驻车制动器	是 □ 否 □
是否使用三件套对车辆进行防护	是 □ 否 □
是否损坏汽车工作台及暖风水箱	是 □ 否 □
是否正确使用工具、设备	是 □ 否 □
是否存在安全隐患	是 □ 否 □
拆卸部件是否正确安装到位	是 □ 否 □
螺栓是否按照维修手册规定力矩拧紧	是 □ 否 □
冷却液液位是否正常	是 □ 否 □
各个设备工作是否正常	是 □ 否 □
暖风水管是否泄漏，暖风是否正常	是 □ 否 □
工作场地是否清洁，车辆是否复位	是 □ 否 □

（二）互检

组与组之间相互进行任务操作过程及结果检查，并将检查结果填写在表 28–4 中。

表 28–4 互检

检查项目	结果
车辆停放位置是否合适，是否将变速器置于空挡并拉紧驻车制动器	是 □ 否 □
是否使用三件套对车辆进行防护	是 □ 否 □

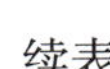
续表

检查项目	结果
是否损坏汽车工作台及暖风水箱	是□　否□
是否正确使用工具、设备	是□　否□
是否存在安全隐患	是□　否□
拆卸部件是否正确安装到位	是□　否□
螺栓是否按照维修手册规定力矩拧紧	是□　否□
冷却液液位是否正常	是□　否□
各个设备工作是否正常	是□　否□
暖风水管是否泄漏，暖风是否正常	是□　否□
工作场地是否清洁，车辆是否复位	是□　否□

六、课堂小结

任务二十九　全车座椅、前部安全带、后部安全带及地胶拆装（一）

<table>
<tr><td colspan="6">全车座椅、前部安全带、后部安全带及地胶拆装（一）任务工单——座椅拆装</td></tr>
<tr><td>客户信息</td><td>姓名</td><td></td><td>电话</td><td colspan="2"></td></tr>
<tr><td rowspan="2">车辆信息</td><td colspan="2">车型</td><td colspan="2">VIN 码</td><td>行驶里程</td></tr>
<tr><td colspan="2"></td><td colspan="2"></td><td></td></tr>
<tr><td>客户描述</td><td colspan="5">散热器面罩、前保险杠及前照灯 □　散热器 □　喇叭 □
发动机舱盖 □　后视镜 □　后保险杠 □
前车门 □　前门玻璃 □　后车门 □
后门玻璃 □　全车座椅、前部安全带、地胶 □　全车锁 □
前部座椅 □　蓄电池及玻璃清洗系统 □　刮水器电动机 □
进气歧管、喷油器 □　翼子板及内衬 □　正时传动带 □
行李舱盖、尾灯、备胎 □　工作台、暖风水箱 □　发动机舱盖锁 □
离合器拉线 □　后部安全带 □　发动机及变速器支架 □
制动总泵 □　发电机、传动带 □　起动机 □
其他：</td></tr>
<tr><td colspan="3">车辆外观检查</td><td colspan="3">车辆内部检查</td></tr>
<tr><td>凹凸 □
划痕 □
石击 □
油漆 □</td><td colspan="2"></td><td>污渍 □
破损 □
色斑 □
变形 □</td><td colspan="2"></td></tr>
<tr><td>明确具体工作任务</td><td colspan="5"></td></tr>
<tr><td>任务目标</td><td colspan="5">● 能够独立规范地对全车座椅、前部安全带、后部安全带及地胶进行拆装
● 能够举一反三，对不同品牌车辆的附件进行拆装
● 能够解答客户提出的疑问</td></tr>
</table>

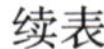
续表

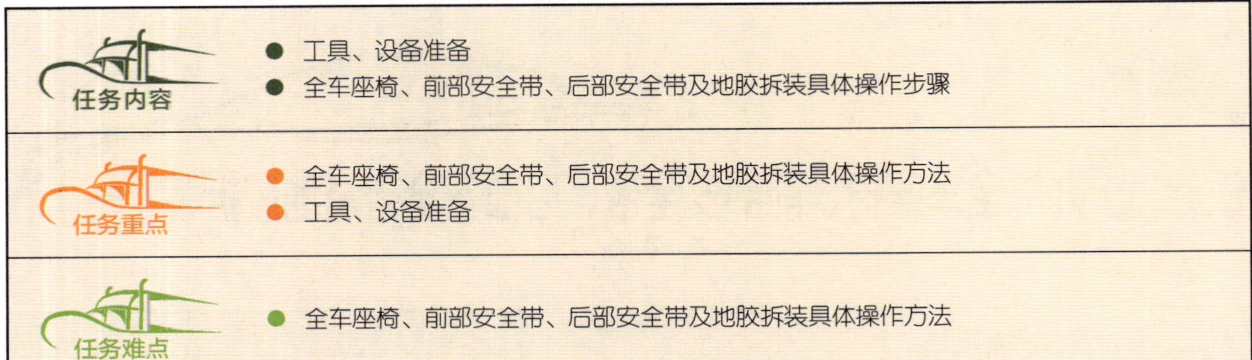

任务内容	● 工具、设备准备 ● 全车座椅、前部安全带、后部安全带及地胶拆装具体操作步骤
任务重点	● 全车座椅、前部安全带、后部安全带及地胶拆装具体操作方法 ● 工具、设备准备
任务难点	● 全车座椅、前部安全带、后部安全带及地胶拆装具体操作方法

一、任务准备

在下列图片中勾选出完成本任务所需的工具、设备、资料等。

扭力扳手	撬板	翼子板布	吹尘枪
抹布	工具车	工具套件	内六角扳手
三件套	配件车	鲤鱼钳	旋具套装

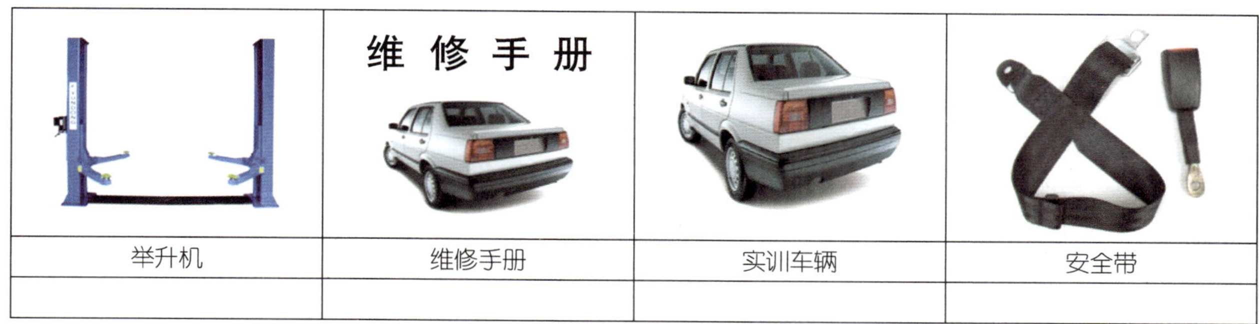

举升机	维修手册	实训车辆	安全带

二、防护措施

（一）个人安全防护

➢ 维修人员必须穿工作服、戴工作帽、穿工作鞋，工作服纽扣、拉链及皮带扣应藏于衣服内侧，袖口、领口、裤脚扣紧，佩戴手套，女生的长发要盘起塞在工作帽内。

➢ 维修人员在进入车间前应摘掉手表、戒指、项链、耳环等金属首饰。

➢ 维修人员在进行车辆维修操作时，应防止车轮压伤脚部、车门夹伤手部、热的发动机烫伤手部或发动机传动带绞伤手部。

➢ 在搬运重物及尖锐器物时应注意动作姿势，防止扭伤腰部、砸伤脚部或划伤手部等。

（二）车辆、台架等设备安全防护

➢ 车辆进入车间内，应停放至指定地点，关闭发动机，将变速器置于空挡并拉紧驻车制动器，将台架的滑轮锁死或用木块将其固定。

➢ 维修操作前，应铺设三件套及翼子板布，发动机启动前应确保其他实训人员远离车辆，并连接尾排。

➢ 操作电气设备应注意用电安全，作业结束之后，应及时切断一切用电设备的电源。

➢ 操作前应熟读维修手册中的操作标准和台架、仪器、设备使用标准，并做好日常维护工作。

（三）车间场地安全防护

➢ 车间应配有干粉灭火器及相应消防措施，易燃油品应存放在密封的金属罐中。

➢ 应时刻注意车间内的工具、配件、设备、车辆等是否摆放整齐。

➢ 车间内设备、车辆周围的人行道和工作区域必须保证足够的安全空间。

➢ 操作过程中应做到工具、配件、油污三不落地，作业完毕应及时清理车间工作场地，做到现场5S管理。

三、任务分配（见表 29-1）

表 29-1 任务分配表

职务	代码	姓名	工作内容
组长	A		监督、管理组员工作
组员	B		准备实训所需车辆及配件
	C		

续表

职务	代码	姓名	工作内容
组员	D		准备实训所需工具、设备及手册
	E		

四、任务实施

完成下面操作步骤的排序，将正确的序号填写在表 29–2 中。

表 29–2　全车座椅、前部安全带、后部安全带及地胶拆装操作步骤

项目	步骤	工作内容
安全防护及准备工作		铺设翼子板布
拆卸前排座椅		使用相同方法拆卸另一侧座椅
		扳住座椅调整杆向后推动座椅，将座椅整体推出滑轨
		使用 5 mm 内六角扳手拆卸座椅滑轨前端限位螺栓
		将座椅从车内整体取出，注意取出时避免将门饰板划伤
拆卸后排座椅		用手扳住座椅靠背下侧，用力向上抬起，使背部挂钩解锁；使用相同方法拆卸另一侧，将靠背取出
		用手扳住后排座椅垫外侧，向里推，将座椅挂钩解锁；使用相同方法拆卸另一侧，将座椅垫取出
拆卸副工作台		使用撬板拆卸换挡手柄防尘罩，并向上翻起
		拆卸副工作台固定螺栓，将副工作台向上抬起并取下
		拆卸换挡手柄固定卡箍，将防尘罩连同换挡手柄一起取下
		拆卸驻车制动手柄护罩固定螺栓，取下护罩
拆卸密封条		拆卸其他门槛保护条及车门密封条
		将车门密封条拆下
		用力将门槛保护条拆下
		拆卸工作台侧面固定螺栓，以便拆卸车门密封条
拆卸前部安全带		拆卸 B 柱饰板固定螺栓，将饰板撬起并取下
		拆卸 B 柱底部和上部安全带固定螺栓
		将安全带从饰板上取下
		用同样方法拆卸另一侧安全带
		拆卸 B 柱内部安全带固定螺栓，取下安全带总成
拆卸后部安全带		拆卸行李舱内侧面饰板
		拆卸后窗玻璃下部饰板，并将安全带从饰板上取下
		拆卸后部安全带固定螺栓，取下安全带
		拆卸 C 柱上安全带下部及上部固定螺栓

续表

项目	步骤	工作内容
拆卸地胶		拆卸发动机护盖、空气滤清器壳，将空调排水管从前围挡板上取下
		拆卸工作台下部支架固定螺栓，取下支架
		将地胶前半部分整体取出
		拆卸转向盘下部饰板、加速踏板限位器、地胶固定螺栓及发动机舱盖开关
		拆卸地胶后固定卡子，将地胶后半部分整体取出
安装地胶		将地胶后半部分按原位置装回，并安装固定卡子
		安装工作台下部支架，并紧固固定螺栓
		将地胶前半部分按原位置装回
		安装地胶固定螺栓、加速踏板限位器、发动机舱盖开关、空调排水管及转向盘下部饰板
		安装空气滤清器壳及发动机护盖
安装后部安全带		将后部安全带按原位置装回，并紧固固定螺栓至 45 N · m
		安装 C 柱上安全带下部及上部固定螺栓，并紧固至 45 N · m
		将安全带安装在后窗玻璃下部饰板上，并安装饰板
		安装行李舱侧面饰板
安装前部安全带		将安全带安装在 B 柱饰板上
		安装另一侧安全带
		将 B 柱饰板按原位置装回，并紧固固定螺栓
		将安全带安装至 B 柱内部，并紧固固定螺栓至 45 N · m
		安装紧固 B 柱上部、底部安全带固定螺栓至 45 N · m
安装密封条		将车门密封条按原位置装回
		安装工作台侧面固定螺栓
		按原位置安装门槛保护条
		安装其他车门固定螺栓及门槛保护条
安装副工作台		将副工作台按原位置装回，并安装紧固 2 颗固定螺栓
		将驻车制动手柄护罩按原位置装回，并紧固固定螺栓
		安装防尘罩及换挡手柄，紧固换挡手柄卡箍，将防尘罩盖板安装到位
安装后排座椅		将后排座椅垫里侧放置在靠背下端，将安全带放置在座椅上面，挂钩对准安装孔，用力向下压，将座椅垫安装到位
		将后排座椅靠背放置在原位置，将两侧安全带放置在椅背外侧；使背部挂钩对准安装卡槽，用力向下压，将靠背安装到位
安装前排座椅		扳动座椅调整杆，前后推动座椅，检查座椅调整是否正常
		扳住座椅调整杆，将滑轨插入调整杆槽内，向前推动座椅
		在座椅滑轨上涂抹适量润滑脂
		使用 5 mm 内六角扳手安装限位螺栓
		将座椅放进车内，使座椅两侧滑块插进滑轨

续表

项目	步骤	工作内容
整理现场		撤去翼子板布并关闭发动机舱盖
		整理工具及现场卫生

五、检查

（一）自检

结合本组任务操作，对任务执行过程的操作规范性进行检查，检查操作过程中是否存在以下问题，分析讨论应如何避免这些问题并总结规范的操作方法（见表 29-3）。

表 29-3　自检

检查项目	结果
车辆停放位置是否合适，是否将变速器置于空挡并拉紧驻车制动器	是 □　否 □
是否使用三件套对车辆进行防护	是 □　否 □
是否损坏汽车座椅、安全带、密封条	是 □　否 □
是否正确使用工具、设备	是 □　否 □
是否存在安全隐患	是 □　否 □
拆卸部件是否正确安装到位	是 □　否 □
螺栓是否按照维修手册规定力矩拧紧	是 □　否 □
工作场地是否清洁，车辆是否复位	是 □　否 □

（二）互检

组与组之间相互进行任务操作过程及结果检查，并将检查结果填写在表 29-4 中。

表 29-4　互检

检查项目	结果
车辆停放位置是否合适，是否将变速器置于空挡并拉紧驻车制动器	是 □　否 □
是否使用三件套对车辆进行防护	是 □　否 □
是否损坏汽车座椅、安全带、密封条	是 □　否 □
是否正确使用工具、设备	是 □　否 □
是否存在安全隐患	是 □　否 □
拆卸部件是否正确安装到位	是 □　否 □
螺栓是否按照维修手册规定力矩拧紧	是 □　否 □
工作场地是否清洁，车辆是否复位	是 □　否 □

六、课堂小结

任务三十　全车座椅、前部安全带、后部安全带及地胶拆装（二）

<table>
<tr><td colspan="7">全车座椅、前部安全带、后部安全带及地胶拆装（二）任务工单——安全带拆装</td></tr>
<tr><td>客户信息</td><td>姓名</td><td colspan="2"></td><td>电话</td><td colspan="2"></td></tr>
<tr><td rowspan="2">车辆信息</td><td colspan="2">车型</td><td colspan="2">VIN 码</td><td colspan="2">行驶里程</td></tr>
<tr><td colspan="2"></td><td colspan="2"></td><td colspan="2"></td></tr>
<tr><td>客户描述</td><td colspan="6">散热器面罩、前保险杠及前照灯 □　散热器 □　喇叭 □
发动机舱盖 □　后视镜 □　后保险杠 □
前车门 □　前门玻璃 □　后车门 □
后门玻璃 □　全车座椅、前部安全带、地胶 □　全车锁 □
前部座椅 □　蓄电池及玻璃清洗系统 □　刮水器电动机 □
进气歧管、喷油器 □　翼子板及内衬 □　正时传动带 □
行李舱盖、尾灯、备胎 □　工作台、暖风水箱 □　发动机舱盖锁 □
离合器拉线 □　后部安全带 □　发动机及变速器支架 □
制动总泵 □　发电机、传动带 □　起动机 □
其他：</td></tr>
<tr><td colspan="3">车辆外观检查</td><td colspan="4">车辆内部检查</td></tr>
<tr><td>凹凸 □
划痕 □
石击 □
油漆 □</td><td colspan="2"></td><td>污渍 □
破损 □
色斑 □
变形 □</td><td colspan="3"></td></tr>
<tr><td>明确具体工作任务</td><td colspan="6"></td></tr>
<tr><td>任务目标</td><td colspan="6">● 能够独立规范地对全车座椅、前部安全带、后部安全带及地胶进行拆装
● 能够举一反三，对不同品牌车辆的附件进行拆装
● 能够解答客户提出的疑问</td></tr>
</table>

续表

 任务内容	● 工具、设备准备 ● 全车座椅、前部安全带、后部安全带及地胶拆装具体操作步骤
 任务重点	● 全车座椅、前部安全带、后部安全带及地胶拆装具体操作方法 ● 工具、设备准备
 任务难点	● 全车座椅、前部安全带、后部安全带及地胶拆装具体操作方法

一、任务准备

在下列图片中勾选出完成本任务所需的工具、设备、资料等。

扭力扳手	撬板	翼子板布	吹尘枪
抹布	工具车	工具套件	内六角扳手
三件套	配件车	鲤鱼钳	旋具套装

<table>
<tr><td></td><td></td><td></td><td>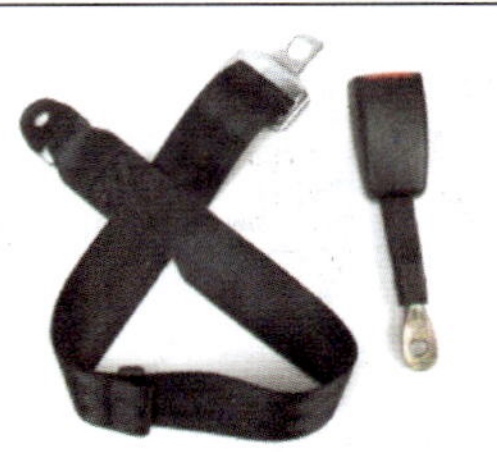</td></tr>
<tr><td>举升机</td><td>维修手册</td><td>实训车辆</td><td>安全带</td></tr>
<tr><td></td><td></td><td></td><td></td></tr>
</table>

二、防护措施

（一）个人安全防护

➢ 维修人员必须穿工作服、戴工作帽、穿工作鞋，工作服纽扣、拉链及皮带扣应藏于衣服内侧，袖口、领口、裤脚扣紧，佩戴手套，女生的长发要盘起塞在工作帽内。

➢ 维修人员在进入车间前应摘掉手表、戒指、项链、耳环等金属首饰。

➢ 维修人员在进行车辆维修操作时，应防止车轮压伤脚部、车门夹伤手部、热的发动机烫伤手部或发动机传动带绞伤手部等。

➢ 在搬运重物及尖锐器物时应注意动作姿势，防止扭伤腰部、砸伤脚部或划伤手部等。

（二）车辆、台架等设备安全防护

➢ 车辆进入车间内，应停放至指定地点，关闭发动机，将变速器置于空挡并拉紧驻车制动器，将台架的滑轮锁死或用木块将其固定。

➢ 维修操作前，应铺设三件套及翼子板布，发动机启动前应确保其他实训人员远离车辆，并连接尾排。

➢ 操作电气设备应注意用电安全，作业结束之后，应及时切断一切用电设备的电源。

➢ 操作前应熟读维修手册中的操作标准和台架、仪器、设备使用标准，并做好日常维护工作。

（三）车间场地安全防护

➢ 车间应配有干粉灭火器及相应消防措施，易燃油品应存放在密封的金属罐中。

➢ 应时刻注意车间内的工具、配件、设备、车辆等是否摆放整齐。

➢ 车间内设备、车辆周围的人行道和工作区域必须保证足够的安全空间。

➢ 操作过程中应做到工具、配件、油污三不落地，作业完毕应及时清理车间工作场地，做到现场 5S 管理。

三、任务分配（见表 30-1）

表 30-1 任务分配表

<table>
<tr><th>职务</th><th>代码</th><th>姓名</th><th>工作内容</th></tr>
<tr><td>组长</td><td>A</td><td></td><td>监督、管理组员工作</td></tr>
<tr><td rowspan="2">组员</td><td>B</td><td></td><td rowspan="2">准备实训所需车辆及配件</td></tr>
<tr><td>C</td><td></td></tr>
</table>

续表

职务	代码	姓名	工作内容
组员	D		准备实训所需工具、设备及手册
	E		

四、任务实施

完成下面操作步骤的排序，将正确的序号填写在表 30-2 中。

表 30-2 全车座椅、前部安全带、后部安全带及地胶拆装操作步骤

项目	步骤	工作内容
安全防护及准备工作		铺设翼子板布
拆卸前排座椅		扳住座椅调整杆向后推动座椅，将座椅整体推出滑轨
		将座椅从车内整体取出，注意取出时避免将门饰板划伤
		使用相同方法拆卸另一侧座椅
		使用 5 mm 内六角扳手拆卸座椅滑轨前端限位螺栓
拆卸后排座椅		用手扳住座椅靠背下侧，用力向上抬起，使背部挂钩解锁；使用相同方法拆卸另一侧，将靠背取出
		用手扳住后排座椅垫外侧，向里推，将座椅挂钩解锁；使用相同方法拆卸另一侧，将座椅垫取出
拆卸副工作台		使用撬板拆卸换挡手柄防尘罩，并向上翻起
		拆卸副工作台固定螺栓，将副工作台向上抬起并取下
		拆卸换挡手柄固定卡箍，将防尘罩连同换挡手柄一起取下
		拆卸驻车制动手柄护罩固定螺栓，取下护罩
拆卸密封条		拆卸其他门槛保护条及车门密封条
		将车门密封条拆下
		用力将门槛保护条拆下
		拆卸工作台侧面固定螺栓，以便拆卸车门密封条
拆卸前部安全带		拆卸 B 柱饰板固定螺栓，将饰板撬起并取下
		拆卸 B 柱底部和上部安全带固定螺栓
		拆卸 B 柱内部安全带固定螺栓，取下安全带总成
		将安全带从饰板上取下
		用同样方法拆卸另一侧安全带
拆卸后部安全带		拆卸行李舱内侧面饰板
		拆卸后窗玻璃下部饰板，并将安全带从饰板上取下
		拆卸后部安全带固定螺栓，取下安全带
		拆卸 C 柱上安全带下部及上部固定螺栓

续表

项目	步骤	工作内容
拆卸地胶		拆卸工作台下部支架固定螺栓，取下支架
		将地胶前半部分整体取出
		拆卸发动机护盖、空气滤清器壳，将空调排水管从前围挡板上取下
		拆卸地胶后固定卡子，将地胶后半部分整体取出
		拆卸转向盘下部饰板、加速踏板限位器、地胶固定螺栓及发动机舱盖开关
安装地胶		将地胶前半部分按原位置装回
		将地胶后半部分按原位置装回，并安装固定卡子
		安装工作台下部支架，并紧固固定螺栓
		安装空气滤清器壳及发动机护盖
		安装地胶固定螺栓、加速踏板限位器、发动机舱盖开关、空调排水管及转向盘下部饰板
安装后部安全带		将后部安全带按原位置装回，并紧固固定螺栓至 45 N · m
		安装 C 柱上安全带下部及上部固定螺栓，并紧固至 45 N · m
		将安全带安装在后风挡玻璃下部饰板上，并安装饰板
		安装行李舱侧面饰板
安装前部安全带		将 B 柱饰板按原位置装回，并紧固固定螺栓
		将安全带安装在 B 柱饰板上
		安装另一侧安全带
		安装紧固 B 柱上部、底部安全带固定螺栓至 45 N · m
		将安全带安装至 B 柱内部，并紧固固定螺栓至 45 N · m
安装密封条		安装工作台侧面固定螺栓
		按原位置安装门槛保护条
		将车门密封条按原位置装回
		安装其他车门固定螺栓及门槛保护条
安装副工作台		将副工作台按原位置装回，并安装紧固 2 颗固定螺栓
		将驻车制动手柄护罩按原位置装回，并紧固固定螺栓
		安装防尘罩及换挡手柄，紧固换挡手柄卡箍，将防尘罩盖板安装到位
安装后排座椅		将后排座椅垫里侧放置在靠背下端，将安全带放置在座椅上面，挂钩对准安装孔，用力向下压，将座椅垫安装到位
		将后排座椅靠背放置在原位置，将两侧安全带放置在椅背外侧；使背部挂钩对准安装卡槽，用力向下压，将靠背安装到位
安装前排座椅		使用 5 mm 内六角扳手安装限位螺栓
		扳住座椅调整杆，将滑轨插入调整杆槽内，向前推动座椅
		在座椅滑轨上涂抹适量润滑脂
		扳动座椅调整杆，前后推动座椅，检查座椅调整是否正常
		将座椅放进车内，使座椅两侧滑块插进滑轨

续表

项目	步骤	工作内容
整理现场		整理工具及现场卫生
		撤去翼子板布并关闭发动机舱盖

五、检查

（一）自检

结合本组任务操作，对任务执行过程的操作规范性进行检查，检查操作过程中是否存在以下问题，分析讨论应如何避免这些问题并总结规范的操作方法（见表 30–3）。

表 30–3　自检

检查项目	结果
车辆停放位置是否合适，是否将变速器置于空挡并拉紧驻车制动器	是 □　否 □
是否使用三件套对车辆进行防护	是 □　否 □
是否损坏汽车座椅、安全带、密封条	是 □　否 □
是否正确使用工具、设备	是 □　否 □
是否存在安全隐患	是 □　否 □
拆卸部件是否正确安装到位	是 □　否 □
螺栓是否按照维修手册规定力矩拧紧	是 □　否 □
工作场地是否清洁，车辆是否复位	是 □　否 □

（二）互检

组与组之间相互进行任务操作过程及结果检查，并将检查结果填写在表 30–4 中。

表 30–4　互检

检查项目	结果
车辆停放位置是否合适，是否将变速器置于空挡并拉紧驻车制动器	是 □　否 □
是否使用三件套对车辆进行防护	是 □　否 □
是否损坏汽车座椅、安全带、密封条	是 □　否 □
是否正确使用工具、设备	是 □　否 □
是否存在安全隐患	是 □　否 □
拆卸部件是否正确安装到位	是 □　否 □
螺栓是否按照维修手册规定力矩拧紧	是 □　否 □
工作场地是否清洁，车辆是否复位	是 □　否 □

六、课堂小结